Mon dernier voyage

Du même auteur

Amazonie, lutte pour la vie, avec Sting, JC Lattès, 1989.

Raoni : le tour du monde en 60 jours d'un Indien, avec Patrick Mahé, Éditions n° 1, 1990.

L'Indien Blanc, Robert Laffont, 1994

Raoni et le monde premier, Au même titre, 2000.

Mémoires d'un chef indien, Rocher, 2010.

Tribus : les peuples premiers, Vilo, 2013.

Sur la trace des peuples perdus, Hugo Doc, 2015.

Raoni
Jean-Pierre Dutilleux

Mon dernier voyage

ARTHAUD Forêt Vierge
forestvierge.org

87, quai Panhard-et-Levassor
75647 Paris Cedex 13

ISBN : 978-2-0813-9243-4

« Arbres de la forêt, vous connaissez mon âme. »

Victor Hugo

À ma femme Bekwika,
À mes enfants, petits-enfants et arrière-petits-enfants,
À tout mon peuple kayapo.

Raoni Metuktire

À ma fille Alexandra,
À mes frères Philippe, Luc et Christian,
et à tous mes amis indiens en Amazonie.

Jean-Pierre Dutilleux

Préface
Avant qu'il ne soit trop tard

10 juin 1989, un samedi, c'est l'adieu. Déchirant.

Raoni, chef emblématique des Indiens kayapos, a raccompagné ses amis à l'embarcadère artisanal qui surplombe le rio, au pied de son village.

Jean-Pierre Dutilleux, reporter indigéniste, a le cœur chagrin. Tandis qu'il repart vers le monde des « Kuben » (l'univers étranger à celui des Indiens), il le voit, d'un pas pesant, retourner vers sa case de cacique – le chef, le sage – et, bientôt, à son hamac planté entre deux troncs d'arbre.

Raoni peut alors se replier sur ses souvenirs. Mission accomplie...

Incroyable, mais vrai, il a parcouru le monde en soixante jours, une odyssée en dix-sept pays. Il a survolé les océans (« ces grandes lagunes salées ») et sillonné quelques capitales opulentes à travers quatre continents. Une première dans l'histoire des peuples premiers.

Cette action d'envergure, quasi utopique – les Indiens étant sous une sorte de « curatelle » administrative au Brésil – lui a permis de délivrer son message, un véritable SOS en faveur de la sauvegarde de l'Amazonie. Le poumon vert est alors menacé de lente asphyxie, à coups de déforestation menée au pas de course par les prédateurs des multinationales en tous genres.

Il l'a porté à la face des plus grands, qu'ils soient rois, pape ou présidents. Le prince Charles, Juan Carlos d'Espagne lui ont ouvert les portes de leur palais. Il a reçu la bénédiction de Jean-Paul II au Vatican, échangeant, non sans cérémonial, un chapelet contre un couvre-chef à plumes d'ara. À Paris, Jacques Chirac, alors maire et François Mitterrand, l'hôte de l'Élysée, ont revêtu sa parure de guerre ou d'apparat, en signe de haute solidarité diplomatique.

Porté par l'aura médiatique du chanteur Sting, calé dans son sillage, Raoni « crève l'écran » de toutes les télévisions. Son premier grand journal télévisé fait date. Lèvre à plateau de balsa, coiffe à plumes multicolores déployées et peinture noire de jenipapo et d'urucum nimbant son visage, il « explose » sur TF1 (au 20 heures présenté par Patrick Poivre d'Arvor), large leader en audience. Puis, s'enchaînera une incroyable « Sacrée Soirée » autour de l'animateur Jean-Pierre Foucault. En tout, le « grand soir indigéniste » aura rassemblé trente millions de téléspectateurs. La France signait là le coup d'envoi « historique » d'un rêve devenu réalité.

Aussi quand le rideau se referme sur le retour à sa tribu, Raoni qui a sillonné l'Europe, l'Australie, le Japon, le Canada, les États-Unis et partagé le « pow-wow » des cousins d'Amérique du Nord, a-t-il tout pour partager avec son peuple les fruits du devoir accompli. Mission accomplie, oui. Mais sans véritable garantie pour l'avenir.

Son nouveau village de Metuktire est bâti en aval du rio Xingu, à quarante-cinq kilomètres de l'ancien hameau, au cœur de la *selva* sauvage. Raoni en a choisi lui-même l'emplacement. Il l'a retenu, naguère, pour la qualité de l'eau, la forêt giboyeuse et la richesse de sa terre. Ses ancêtres mekronotis s'étaient installés là, jadis. Non sans raison. Raoni suit le bon exemple. L'installation des cases, autour d'une clairière de deux cents mètres de large, les vivres déposés auprès des villageois ont coûté cinquante mille dollars. Ces fonds ont été avancés par la Fondation Forêt vierge (il y en aura douze à travers le monde) qui gère les dons publics. C'est le premier cadeau des Kuben au monde de Raoni. Il y en aura beaucoup d'autres dont le plus important sera la démarcation des terres kayapos ancestrales... Le rêve du vieux chef se réalise enfin.

Cette enclave de cent vingt mille kilomètres carrés – ajoutée aux soixante mille kilomètres carrés du parc national du Xingu créé par les frères Villas-Bôas en 1960 – forme un ensemble continu de cent quatre-vingt mille kilomètres carrés sur les

États du Mato Grosso et du Para, large comme six fois la Belgique, ou deux fois l'Irlande. Elle constitue la plus grande réserve indigène au monde et sera officialisée par le président brésilien Itamar Franco en 1993. C'est le « *happy ending* ». Hélas, trente ans plus tard, la grande réserve du Xingu est plus que jamais menacée.

Classé « sans âge » (a-t-il 75 ou 80 ans ?), Raoni reprend la route aujourd'hui. Il peine à léguer les valeurs ancestrales aux jeunes générations. Aussi respecté soit-il par son peuple et les nations indigènes voisines, il déplore de voir les plus jeunes, en rupture de racines, aller brûler leurs illusions contre une poignée de reales, dans les faubourgs de Brasília.

Quant aux avatars des régimes politiques, Raoni s'en inquiète. Qu'en est-il des promesses du président Sarney qui, voilà trente ans, lui permit d'obtenir un premier passeport, symbole d'émancipation ? Le document officiel était sa grande fierté. Du doigt, il soulignait la date du précieux sésame : 8 mars 1989, un cachet officiel valant libération de la tutelle gouvernementale.

Trente ans ont passé. Raoni reste l'indigène le plus connu au monde. Entre-temps, il est revenu quatre fois en Europe, a participé à des « sommets écologistes » aux résultats inaboutis, croisé bien des dignitaires et recueilli mille promesses. Tenues ? Hélas, guère... Beaucoup de paroles, apparemment. Peu d'actes !

Préface

Que reste-t-il de son combat à l'heure d'une relève politique aux accents souverainistes à Brasília ? Et *quid* de la cause indienne ?

À l'automne de sa vie, Raoni ne plaide pas que pour les siens, ni pour la sauvegarde exclusive du « monde premier », ni même pour nous alerter sur le sort de l'Amazonie, ce poumon dévasté. Il parle pour les générations futures. Et lance un SOS... universel !

Avec le soutien de l'inusable Jean-Pierre Dutilleux, compagnon de route depuis 1973, de la selva sauvage, des rios, des plateaux forestiers du Haut-Xingu, des mappemondes à défier les puissants, mais aussi, gardien des valeurs à partager et pourfendeur des désillusions, voici donc l'ultime et poignant retour de Raoni... Signant là son « dernier voyage », il lance un vibrant appel au secours à la tête des prédateurs de la planète... Avant qu'il ne soit trop tard !

Patrick Mahé
Journaliste, écrivain,
Ancien rédacteur en chef de *Paris Match*

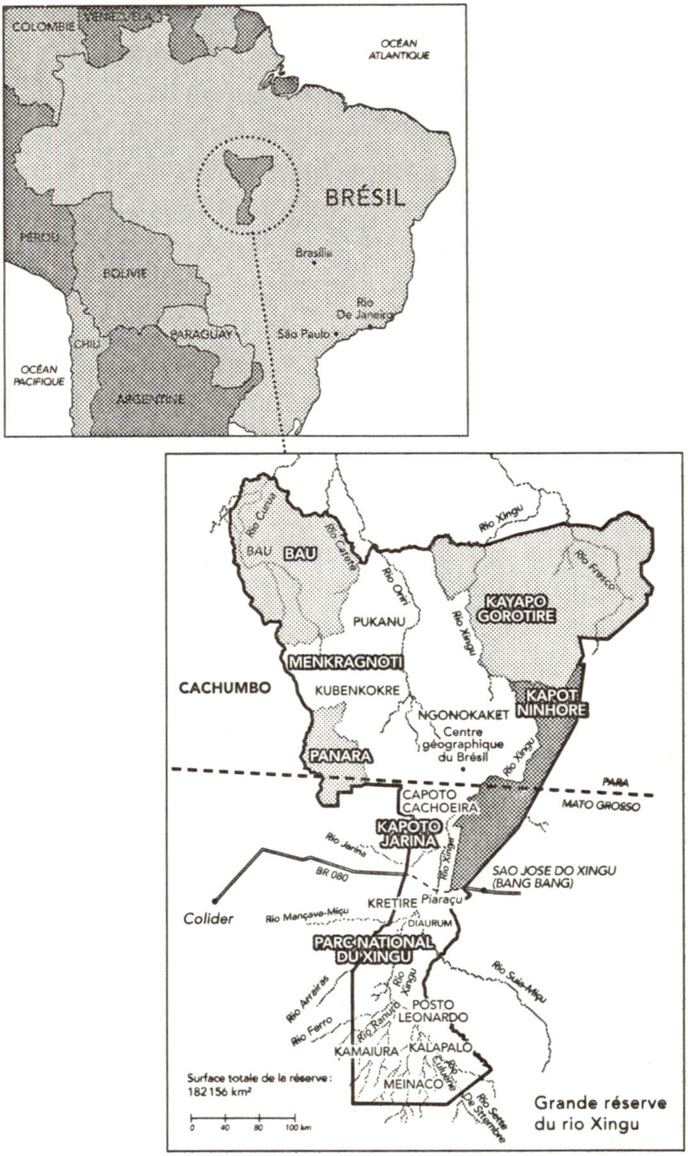

COLOMBIE
VENEZUELA
OCÉAN ATLANTIQUE
BRÉSIL
PEROU
BOLIVIE
Brasília
Rio De Janeiro
São Paulo
PARAGUAY
CHILI
OCÉAN PACIFIQUE
ARGENTINE
Rio Xingu
Rio Curua
Rio Carete
BAU
BAU
Rio Omri
Rio Fresco
KAYAPO GOROTIRE
PUKANU
Rio Xingu
MENKRAGNOTI
CACHUMBO
KUBENKOKRE
KAPOT NINHORE
NGONOKAKET
Centre géographique du Brésil
PANARA
Rio Xingu
PARA
MATO GROSSO
CAPOTO CACHOEIRA
KAPOTO JARINA
Rio Jarina
Rio Xingu
BR 080
SAO JOSE DO XINGU (BANG BANG)
Colider
KRETIRE
Piaraçu
Rio Mançava-Miçu
DIAURUM
PARC NATIONAL DU XINGU
Rio Suia-Miçu
Rio Arraias
Rio Xingu
POSTO LEONARDO
Rio Ferro
Rio Ranuro
KAMAIURA
KALAPALO
Rio Culuene
MEINACO
Surface totale de la réserve : 182 156 km²
0
40
80
100 km
Rio Sette De Strembre
Grande réserve du rio Xingu

Préambule

Raoni m'a confié ses mémoires en 2009 et en 2017. Il n'est plus l'homme qu'il était lorsque je l'ai rencontré la première fois en 1973. Depuis, il a découvert le monde qui l'entoure au Brésil et au-delà des mers.

Des mots, des notions et des connaissances qui lui étaient totalement étrangers, il y a quarante-quatre ans lui sont aujourd'hui devenus familiers. Il peut, soudainement, évoquer le karaté au Japon ou une trousse médicale en Belgique, notions qui lui étaient entièrement inconnues avant son tour du monde en 1989.

Avec ce recueil inédit, j'espère éclairer quelque peu les pistes et les méandres du monde indigéniste pour ceux qui rêvent de l'emprunter.

Peut-être ce livre pourra-t-il inspirer certains à suivre ce chemin et tenter de protéger les Indiens, gardiens des dernières forêts primaires qui, toutes, sont attaquées. Avec elles disparaissent des trésors de biodiversité, indispensables à la survie de milliards d'êtres humains, d'espèces animales et végétales. L'homme est le principal responsable de ce saccage. L'accélération du réchauffement climatique démontre que les lignes à ne pas dépasser se rapprochent dangereusement ; certaines ont déjà été franchies.

Dans ce livre, je reprends parfois quelques passages de mes ouvrages précédents, soulignant les réflexions de Raoni, à l'époque.

Si cet ouvrage peut contribuer, un tant soit peu, à conjuguer l'écrit et l'action, alors il aura un sens.

Jean-Pierre Dutilleux
alias Kritako.

Introduction

Le jour s'est levé avec peine sur le Cristo au Corcovado, surplombant Rio de Janeiro et la majestueuse baie de Guanabara. J'ai rendez-vous à l'aéroport Santos-Dumont pour trois vols successifs, jusqu'à Sinop, une bourgade perdue au nord du Mato Grosso. Deux équipiers, Fernande et Thomas, m'y rejoignent depuis São Paulo avec le matériel de tournage. Nous n'avons pas d'autre choix que celui d'affréter l'avion de Marco, un Brésilien d'origine japonaise au look disjoncté, le seul pilote à Sinop à s'être posé récemment sur l'unique piste, à proximité du village de Raoni. Pour cinq heures de vol aller-retour, ce taxi aérien me demande le prix fort, non prévu à mon maigre budget, mais je ne veux manquer ce rendez-vous pour rien au monde.

Fortement déglingué après trente-quatre ans de service, le monomoteur Cessna 210 est lourdement chargé. Marco attend une accalmie dans les trombes d'eau qui se déversent sur le tarmac. Au cœur de la saison des pluies, c'est le seul moyen pour rejoindre rapidement le village de Raoni, chef des Indiens Kayapos au Xingu, distant de six cents kilomètres, en pleine Amazonie brésilienne. L'autre solution serait une piste boueuse souvent impraticable, qui retarderait de plusieurs jours notre rendez-vous avec le chef indien si, malgré tout, nous arrivions à traverser les nombreux torrents qui barrent le passage.

Le temps nous est compté. Bekwyjka, l'épouse de Raoni, a été transportée en urgence dans un hôpital de la région. Son état de santé se dégrade rapidement suite à une fracture du col du fémur, aggravée d'une pneumonie et d'un diabète alarmant. Raoni, pourtant, tient parole. Il est resté au village pour m'attendre, comme convenu, mais il me presse de venir au plus vite car il veut rejoindre sa femme.

Le ciel est noir, lourd de nuages plombés ; les rideaux de pluie s'abattent sur le tarmac avec fracas. Trempés et grelottants, nous sommes abrités sous les ailes du vieux zinc. Il est en mauvais état, rongé par la rouille ; des rivets manquent à certains endroits du fuselage. Nous échangeons des regards inquiets. Si nous ne décollons pas dans la demi-heure, Marco n'aura pas le temps de nous mener à destination, puis de revenir à sa base, avant la tombée de la nuit. Prêts à partir, nous sommes toujours planqués sous l'appareil, lorsque, enfin, le pilote nous presse de monter à bord ; une accalmie va nous permettre de décoller. Alors que nous sommes lancés à plein régime et presque en bout de piste, de nouvelles averses s'abattent sur l'avion.

Les grosses gouttes mitraillent le cockpit. Je crois bien ma dernière heure venue... une fois de plus ! Marco n'y voit rien : il est trop tard pour s'arrêter... Il accélère encore sa machine, l'arrache du sol en hurlant : « Banzai ! » L'avion tremble de toutes ses tôles et le rideau d'arbres en bout de piste se rapproche à toute vitesse. Je ferme les yeux et murmure ma prière. Silence « de mort » dans l'habitacle. Nous ne voyons pas grand-chose ; caméras et sacs de provisions sont entassés sur nos genoux.

L'avion tangue dangereusement sous les bourrasques. De justesse, nous frôlons la cime des arbres. Fernande est livide ; Thomas, d'habitude si loquace, reste muet de stupeur. Plus tard, quand le ciel se dégage, nous apercevons le majestueux rio Xingu, l'un des grands affluents de l'Amazone. Le fleuve légendaire méandre dans la forêt d'émeraude, sous un arc-en-ciel magnifique, dont l'un des pieds semble posé sur le village de Raoni situé sur la rive du fleuve. La piste de latérite fait penser à une balafre sanglante qui déchire la jungle.

À peine atterri, j'aperçois Pékan, le vieux cacique. Je le connais depuis ma première venue chez les Kayapos en 1973. Il s'avance vers moi et me prend dans ses bras. Comme le veut la coutume kayapo, nous pleurons tous les deux à chaudes larmes, mais ce sont des larmes de joie.

Aussitôt déchargé, l'avion repart aussitôt. Nous rentrerons à Sinop par voie de terre, pas le choix !

Je reviens une fois de plus chez les Indiens car l'heure est venue de transmettre l'histoire d'un destin improbable, celui de Raoni. En cinquante ans, ce jeune chef indien libre et sauvage est passé de l'âge de pierre à celui d'Internet, des entrailles de la forêt amazonienne aux projecteurs surréalistes du festival de Cannes qui lui permettra de délivrer son message à la terre entière. Comment Raoni voit-il l'avenir ? Vaste question ! Nous sommes armés d'une autorisation de tournage signée devant témoins par Raoni et Pékan. Ce permis authentifié par un notaire a été communiqué à la Funai (Fondation nationale de l'Indien), le bureau des affaires indiennes au Brésil.

Après des mois de tractations, j'arrive enfin à Metuktire, la capitale, longtemps « inaccessible », du monde de Raoni. Pékan m'emmène au village, un grand cercle de huttes, situé à deux cents mètres de la piste. Je suis le vieux guerrier dans l'une des cases, celle de Raoni. Il me guette, tapi dans l'entrée, et me serre dans ses bras. Je ne peux retenir mes larmes. Après une interminable étreinte, nous nous dévisageons, comme deux vieux le feraient après une trop longue absence. Sa lèvre inférieure, crevassée et gercée par endroits, soutient encore le labret, ce plateau de balsa, d'un diamètre de treize centimètres. Il est la marque du guerrier kayapo, prêt à mourir pour sa terre.

Raoni a des problèmes de santé. Il sait que je viens lui faire mes adieux. Cette rencontre sera peut-être la dernière entre nous. Il s'agit de profiter de chaque instant, de se rappeler les belles histoires vécues ensemble, de célébrer les victoires et les conquêtes du grand chef. Raoni allume sa pipe et souffle la fumée sur mon visage. Elle fuse en volutes blanches, comme une brume diaphane, glissant sur son labret avant de se répandre autour de moi. Déjà, le chaman est au travail. Raoni est fatigué mais son esprit est alerte. Je ferme les yeux. Je le sens près de moi. Il me susurre des mots mystérieux. Raoni est un sorcier...

Comme d'habitude à chacune de nos retrouvailles, je lui offre des albums photos et des DVD d'autres tribus que j'ai filmées dans le monde. Raoni adore les regarder avec ses petits-enfants qui s'agglutinent autour de lui. Il leur explique, souvent de manière cocasse, que d'autres Indiens vivent aussi dans d'autres forêts, en bord de mer ou au sommet de grandes montagnes. Raoni sourit, mais d'un air triste, mélancolique. La gorge serrée, je ressens une vive émotion.

Nous installons notre camp dans la hutte à côté de la sienne. La nôtre est totalement vide. Deux jeunes guerriers qui ne parlent pas portugais nous aident à accrocher nos trois hamacs et leurs moustiquaires aux armatures du toit de feuilles. Fernande et Tom étalent une grande bâche en plastique bleu sur le sol de terre battue pour ranger le matériel.

Nous installons un écran pour visionner, le soir même, le film *Raoni* que j'ai réalisé en 1976. Ce premier film l'a rendu célèbre dans le monde entier. Il le connaît, l'a vu maintes fois, ne s'en lasse pas. Cette nouvelle projection me permet de faire comprendre à Raoni ce que j'attends de notre rencontre.

Avant la séance, Raoni m'invite à dîner chez lui, seul à seul. Nous partageons un poisson, agrémenté de galettes de manioc, le tout arrosé d'eau fraîche. Le visage empli de tristesse, il me parle de sa femme Bekwyjka et s'excuse de ne pouvoir m'accorder beaucoup de temps. Bekwyjka est sa compagne de toujours, la mère de ses six enfants. Je le remercie, en ces circonstances douloureuses, de m'avoir attendu. Je lui parle alors des points importants que j'aimerais aborder avec lui pour cette dernière interview. Nous tombons d'accord pour la réaliser le lendemain matin, dès l'aube.

Le soir même, notre hutte est emplie de monde pour la séance de cinéma. Un Indien amène un fauteuil délabré pour le grand chef. Raoni fait son entrée et s'installe devant l'écran, il est accompagné de quelques anciens du village. J'ai hâte de revoir le film avec eux. Certains apparaîtront à l'écran et se reverront, tels qu'ils étaient, quarante ans plus tôt ! Quelles vont être leurs réactions ? Le film démarre, le silence s'installe, l'ambiance est chargée. J'observe, fasciné, l'intensité avec laquelle les jeunes découvrent un monde qu'ils n'ont pas connu, celui de leurs parents et de leurs grands-parents. Un monde où ils vivaient encore nus, où ils chassaient avec arcs, flèches et gourdins, sans armes à feu ; un monde où les hommes portaient encore le fameux labret ; un monde où ils affrontaient tous les envahisseurs qui pénétraient sur leurs terres. Dans le film, hommes, femmes et enfants sont en pleine santé ; les rires, les danses et les chansons ponctuent leur quotidien. J'observe aussi dans la case, les quelques vieux qui se retrouvent sur l'écran jeunes, beaux et forts. Certains commentent, à voix haute et pointue, les scènes où ils apparaissent. Souvent, ils éclatent de rire. D'autres, empreints de nostalgie, gardent le silence sans perdre une seconde du passé qui ressurgit sous leurs yeux, entre magie et sortilège !

Raoni fait peu de commentaires mais, à la fin du film, lorsqu'il se revoit déambuler dans les rues de São Paulo, il compare les deux mondes, le sien et le nôtre. Il se lamente que les jeunes d'aujourd'hui oublient leur culture, s'habillent comme les Kuben[1], cherchent l'argent et cèdent aux tentations matérielles dont ils n'ont nul besoin. Il les exhorte à rester fiers de leurs origines, à se battre pour garder leurs forêts. Cette soirée reste gravée dans ma mémoire et enregistrée sur mes caméras.

Le lendemain matin, à six heures, je vais chercher Raoni chez lui. Nous partageons ensemble un

1. Les Blancs ou colons, en langue kayapo.

petit-déjeuner frugal avec le pain et le café achetés la veille à Sinop. Au-dehors, une aube grisâtre nous attend ; un crachin tombe du ciel bas sur le village encore endormi. Au loin, des éclairs strient l'horizon. Les orages se rapprochent et menacent. Une étrange mélancolie baigne la grande clairière déserte. Seuls quelques chiens aboient lors de notre passage. Bras dessus, bras dessous, Raoni et moi nous dirigeons, à petits pas, vers la hutte des hommes située au centre de la grande place ronde du village. C'est ici que se tiennent les conseils et que nous allons réaliser notre entretien. D'humeur joyeuse, Raoni va dérouler le film de sa vie.

Chapitre 1

Premier souvenir

Je ne sais pas quand je suis né. Ni le jour ni l'année. C'était à Krajmopyjakare ; aujourd'hui, Kapôt. Le nom de ma mère est Nhàkanga ; celui de mon père, Bepangàti. Moi, je m'appelle Raoni Metuktire. Je suis le dernier grand cacique des Kayapos. Je suis très vieux, je le sais. Je pense à la mort. Après mon départ, je ne vois pas qui va prendre ma place. Mon premier souvenir remonte à la petite enfance, quand j'ai quatre ou cinq ans. Je suis dans les bras de ma mère, étendue près du feu. Nous sommes tous deux couverts de cendres chaudes qui nous protègent des froidures de la nuit. Mon père et mes frères sont, eux aussi, couchés en cercle autour du foyer, leurs pieds au plus près des flammes pour les réchauffer. La lumière bleue de la pleine lune perce le toit de la forêt. La poussière grise qui recouvre nos corps nus nous donne l'apparence des esprits.

Je n'ai pas peur, je me sens en sécurité auprès d'eux. Mon oncle Kakôrô est de garde. Assis un peu à l'écart dans l'obscurité, il surveille les alentours, car les panthères ne sont pas loin, les ennemis non plus. Les armes des guerriers restent à portée de main ; ce sont les *bordunas*, des massues en bois de fer. À cette époque, nous n'avons que très peu d'arcs et de flèches. Ma mère bouge dans son sommeil, un peu de cendre tombe dans ma bouche, je me réveille et pousse un cri. Vite, elle me donne le sein. J'aime le goût du lait maternel ; il me calme aussitôt. Je suis, à présent, bien réveillé et regarde les alentours. Des restes de viande – du sanglier – sont posés sur une feuille de bananier. J'aperçois la peau luisante de la panthère noire que mon père a tuée, attachée à une croix de bois plantée au bord du feu. Elle sèche dans la fumée. Même morte, la panthère me fait peur. Mon père m'a dit qu'elle est l'animal le plus sacré chez nous, les Kayapos. Il ne faut pas les tuer, sauf lorsqu'elles rôdent trop près des campements. Elles pourraient dévorer les enfants.

Soudain, Kakôrô se lève et prend la posture du guerrier, une jambe bien en avant, l'autre en appui arrière. Il brandit sa massue derrière l'épaule, la tenant fermement des deux mains. Kakôrô est prêt à frapper, à exploser la tête de l'ennemi, comme un œuf de jacaré [1]. J'entends alors un long et puissant appel qui résonne dans les sous-bois trempés

1. Alligator brésilien (toutes les notes sont de Jean-Pierre Dutilleux).

de pluie : « *Em-re Beboi, em-re-beboi, nambikwa* Tàpiête » (« Tout va bien, je suis ami, je suis Tàpiête ! »).

Tàpiête, un grand chef très fort, sort de la jungle et arrive à notre campement. Il y a beaucoup de monde. Les autres familles viennent en courant pour prendre les nouvelles. Je ne comprends pas ce qu'ils se disent mais, bientôt, nous partons tous avec lui dans la forêt ; ma mère me porte dans ses bras. Au lever du soleil nous arrivons à un lieu de pêche, où il y a un autre camp. Les hommes coupent du *sipo*[1] tandis que les femmes ramassent du bois pour le feu et des feuilles de bananes afin de cuire les poissons et en mettre quelques-unes sur le sol pour dormir dessus. Mon père, lui, prépare ses massues. Tàpiête, le grand guerrier, nous annonce qu'il part avec son groupe attaquer des seringueiros[2].

Un peu plus tard, un oiseau chante deux fois. Tout le monde s'inquiète, car cet oiseau avertit toujours d'un danger. Soudain, mon oncle Poyre donne l'alerte à ceux qui sont en train de battre le sipo, qui asphyxie les poissons du rio : « Arrêtez de pêcher ! Danger ! Tous à vos massues, vos flèches et vos lances, les Kuben Krãkêj[3] vont nous attaquer ! » Hélas, personne ne l'écoute,

1. Racine empoisonnée.
2. Ramasseurs de caoutchouc.
3. Un clan rival.

tous continuent à pêcher. Je me souviens qu'il y a beaucoup de poissons morts étalés sur la rive : des matriça, tucunaré, pacû, pirarucu[1]. L'oiseau chante à nouveau. Mon oncle répète ses avertissements, en vain. Tous lui répondent : « Nous allons arrêter, mais plus tard, pas maintenant, il y a tellement de poissons ici ! »

En fin d'après-midi, un guerrier, Krãbàri, vient dire à mon père qu'il va construire un petit barrage en amont de la rivière pour retenir les poissons. « Fais attention ! » lance mon père. Krãbàri part assez loin dans la forêt. Alors qu'il édifie son barrage avec des branches entrelacées, Betiktre, un guerrier de la tribu des Kuben Krãkêj, le surprend. Heureusement, il s'agit d'un cousin éloigné de Krãbàri. Ils se reconnaissent : « Attention, lui lance-t-il, nous ne sommes pas loin et nous allons vous attaquer. » Krãbàri revient en courant pour alerter son clan ainsi que Tàpiête, le grand guerrier qui, lui, réapparaît après avoir massacré quelques seringueiros brésiliens. Ma mère s'écrie : « Tàpiête, Krãbàri a des choses très importantes à te dire. Il faut fuir, les ennemis vont nous tomber dessus. » Tout le groupe est debout, prêt à s'enfuir, mais un des guerriers s'exclame : « Krãbàri, tu mens, tu as inventé toute cette histoire ! » Krãbàri se fâche : « C'est la vérité, j'ai rencontré mon cousin, c'est lui qui m'a dit qu'ils

1. Poissons typiques d'Amazonie.

allaient nous attaquer. » Tout le clan finit par le croire. Les guerriers se pressent alors d'aller cacher leurs femmes et leurs enfants dans la forêt.

Il fait déjà nuit quand ma mère nous emmène, moi et ma sœur, dans un coin profond de la forêt. Je dors peu. J'entends, au loin, nos ennemis qui envahissent notre campement pour voler la nourriture et tous nos poissons. J'ai très peur, nous ne devons faire aucun bruit. Quelques guerriers s'en vont alors en courant pour chercher des renforts. La même nuit, ils reviennent très nombreux mais les ennemis sont déjà partis. Ma mère veut rentrer au camp mais elle se perd et nous errons toute la nuit dans la jungle. Ce n'est que le matin qu'elle retrouve enfin la piste. Sur le chemin du retour, elle rencontre quatre vieux qui lui disent : « Quittez la piste au plus vite, sinon vous allez tomber sur les ennemis ; mieux vaut couper par la forêt. » C'est ainsi que nous sommes rentrés à la maison. Une fois au camp, nous constatons qu'un jeune, Tiko, a été tué ainsi qu'une femme dans la plantation. D'autres ont été battues. Les autres familles reviennent aussi et nous enterrons les morts. C'est la première guerre que je vois. Il y en aura beaucoup d'autres, hélas.

Chapitre 2

L'apprenti

Tous les soirs, je me mets dans les bras de mon père. Il me berce en murmurant des histoires jusqu'à ce que je m'endorme. Il me raconte ainsi la légende de notre création : « Au commencement, nous vivions au ciel. Un jour, un homme chassait un sanglier jusqu'à son terrier. Il appela les autres Indiens. Tous regardèrent dans le trou. Ils virent, tout en bas, une magnifique forêt peuplée de gibier. Alors, ils décidèrent d'y aller. Ils assemblèrent une immense boule de cordes attachées les unes aux autres et la jetèrent dans le vide. Chacun à son tour, nos ancêtres sont descendus du ciel pour venir vivre ici. C'est ainsi que nous avons découvert la forêt, aujourd'hui notre terre. »

Mon père est un sage. Tandis que j'ai déjà sept ou huit ans, il m'enseigne les connaissances qu'il tient de nos ancêtres. « Si quelqu'un dit du mal de toi, tu dois rester calme, ne pas te fâcher. Tu ne peux pas devenir un guerrier qui se bat pour n'importe quoi, qui crée des disputes, non ! Pour être un grand guerrier, tu dois toujours te contrôler afin de mieux contrôler les autres. C'est ainsi que tu deviendras un grand chef. » Il m'enseigne qu'il faut aimer tout le monde, hommes et femmes, empêcher les querelles inutiles, éviter les guerres.

Durant la journée, ma mère m'emmène aux plantations au cœur de la forêt ; elle me porte en bandoulière. Je me souviens encore de l'odeur de son corps lorsque je suis sur son dos, mes mains autour de son cou, le menton posé sur son épaule. Ainsi, je découvre le monde alentour. Il y a des bananiers dont les régimes sont jaunes et verts, à point pour nous nourrir pendant plusieurs jours. Lors de nos longs déplacements en forêt, nous allons d'un camp à l'autre, selon les saisons de chasse, de pêche et de cueillette.

Le vieux Raoni, sort un instant de sa rêverie.

À l'époque de ma jeunesse nous sommes encore nomades, chasseurs-cueilleurs, comme vous les appelez dans votre langue ! Il y a très longtemps, nous ne connaissions pas le manioc ou les pommes de terre. Nous mangions des fruits, des racines, des champignons, du gibier. Nous faisions sécher les viandes et les poissons au soleil avant de les manger. Nous ne savions pas faire du feu, nous courions dans la jungle, sous les pluies torrentielles, pour ramasser les braises des arbres incendiés par les éclairs. Je suis toujours terrifié par les coups de tonnerre et par la foudre qui tombe non loin de nous, juste au-dessus de la forêt. Car les esprits sont en colère. J'ai encore des images de ce temps-là. Je revois les hommes en train de se précipiter vers les feux pour trouver les précieux tisons, tandis que ma mère courait mettre ses enfants à l'abri. Elle nous cachait entre les racines d'un arbre gigantesque.

Préserver le feu est essentiel à notre survie. Nos femmes emportent toujours les braises dans de petits paniers tressés, remplis de terre qu'elles gardent auprès d'elles afin d'allumer les feux de jour ou de nuit. Selon mon père et les anciens chefs avant lui, c'est un couple d'Indiens qui a découvert comment allumer le feu. Partis dans la forêt, ils y sont parvenus en frottant un morceau de bois avec de la paille sèche. Cette grande découverte a beaucoup facilité notre vie de nomade.

Les premières années de ma vie furent un pur bonheur. Nous sommes en paix à cette époque. J'en profite pour commencer à chasser seul. Les massues sont plus efficaces que les flèches pour tuer. Un grand coup sur la tête et c'est terminé !

Raoni mime un grand coup de massue.

J'aime courir dans la forêt, nu, libre et sauvage avec comme seule arme ma borduna. Dès l'enfance, nous sommes entraînés par les meilleurs guerriers pour manier les massues avec efficacité. Minh, mon cousin, est le meilleur. Je l'ai vu sauter sur six chercheurs d'or, armés de fusils. Il a plongé sur eux du haut de l'arbre où il s'était caché et les a tués à coups de massue. Bien des années plus tard, lorsque je me suis rendu au Japon, j'ai compris que notre manière de combattre était une sorte d'art martial, comme le karaté, avec, en plus, une massue en bois de fer. Mortelle ! À cette époque, nous nous battons beaucoup entre nous ou contre d'autres tribus. Nous sommes très forts et n'avons peur de rien. Nous partons régulièrement pour de grandes expéditions de chasse ou de pêche. Nous traversons le rio Xingu pour nous installer dans d'autres camps comme ceux de Krodjãmr-e ou Kapôt-Ninhore.

J'ai huit ou neuf ans, quand je vois mon premier avion ; il fait un bruit épouvantable... Tout le monde s'enfuit à sa vue, sauf moi et Kanô, un copain. Nous montons tout en haut d'un arbre, mais il y a beaucoup de nuages et nous entendons surtout ce rugissement incompréhensible venu du ciel. Trois jours plus tard, l'engin infernal repasse. Cette fois, il n'y a pas de nuages, Kanô le voit en premier. Les vieux nous crient : « Ne regardez pas, ce grand oiseau va vous faire du mal ! » Je fixe ce grand oiseau, comme par défi, mais baisse vite la tête.

Chapitre 3

L'errance

Nous repartons une fois de plus, reprenant notre errance permanente, d'un coin de la forêt à un autre, selon les saisons, les déplacements du gibier, la maturité des plantations et la localisation de nos ennemis. Nous sommes de vrais nomades. Nous ne sommes pas les seuls... J'ai dix ans environ quand je découvre l'existence des nombreux clans qui vivent dans la forêt. Je me revois en train de préparer les massues des aînés qui vont chasser dans la forêt, afin de ramener une grande quantité de gibier : notre village de Kapôt organise alors la fête traditionnelle de Waie-o... D'autres clans nous rejoignent pour cette célébration. Les spécialistes de la danse organisent l'événement. Je suis fasciné et me précipite pour me joindre aux danseurs ; ma mère m'en empêche car les jeunes doivent attendre leur tour. Les anciens dansent d'abord, ensuite nous pouvons nous joindre à eux. C'est ainsi. Ce jour-là est fortement inscrit dans ma mémoire. Une petite fille d'un autre clan, à peu près de mon âge, apparaît. Elle me plaît tout de suite ! Mon cœur fait un bond dans ma poitrine mais je n'ose pas lui parler. Je la reverrai des années plus tard. Je ne sais pas alors qu'elle s'appelle Bekwyjka, ni qu'elle sera ma future femme et la mère de mes enfants.

Raoni fait un aparté.

Un jour, où nous traversons le rio Xingu, mon oncle est piqué par un raia[1]. Son état est grave, il manque de mourir, mais un cousin le guérit avec des plantes et des racines de la forêt. Je raconte cela pour que les jeunes de chez nous sachent qu'avant, nous avions beaucoup de connaissances médicinales. Il faut essayer de les préserver sinon les Indiens vont dépendre des médicaments des Blancs qui coûtent très cher et ne fonctionnent pas toujours aussi bien que les nôtres qui, eux, ne coûtent rien !

Lorsque j'accompagne mon père à la chasse, je suis le plus heureux des enfants et fier de le suivre. J'aime la vie en forêt. Je la sens vivre sous mes pieds nus, j'entends ce qu'elle me souffle, elle m'apprend comment vivre avec elle. Peu avant la tombée de la nuit, nous arrêtons de courir après le gibier pour monter le camp, en général

1. Poisson électrique.

au bord d'une petite rivière. Les chasseurs jettent au sol les prises de la journée, un sanglier, un chevreuil ou un singe. Ils se jettent à l'eau en lançant des cris qui rappellent ceux du jaguar. Ils luttent en riant, se bousculent les uns les autres, ils chantent leur joie de vivre. J'aime ces moments, je suis un enfant de la forêt, je me sens déjà comme un jeune guerrier.

Durant la baignade, un de mes oncles fait du feu tandis que les jeunes s'amusent et se lavent pour se débarrasser des épines, des chardons, des griffures et des morsures. Souvent, ils s'écorchent lors de leurs courses folles dans la jungle pour attraper les gros gibiers. Les blessures plus sérieuses sont pansées avec des emplâtres de feuilles et d'argile, mêlées de poudre de racine. Pour la chasse ou la guerre, les guerriers se recouvrent le corps avec la teinture noire de jenipapo [1] qui les camoufle et les protège aussi des piqûres d'insectes. Les chasseurs ont une grande endurance à la course. Ils ont peu de poils sur le corps. Ils transpirent plus facilement que la plupart des gibiers qui étouffent sous leurs peaux épaisses et leurs fourrures. Tôt ou tard, les bêtes vont s'arrêter. Les Indiens le savent, c'est le moment qu'ils guettent pour passer à l'attaque. Ils fondent sur leurs proies et les achèvent à coups de massue. Parfois un seul coup suffit, lorsqu'il est porté avec

1. Une baie mélangée d'huile de piqui et de cendre.

toute la puissance de grands guerriers, comme Okête, le héros du clan, ou par mon père, mon modèle.

Après le bain, certains Indiens se dispersent dans la forêt. Ils reviennent chargés de branches et de grandes feuilles pour construire un abri. Nous n'avons pas encore de hamacs. Nous dormons sur des feuilles à même le sol. Quand la température baisse, nous couvrons notre corps de cendres chaudes. J'aime bavarder au coin du feu avec les grands guerriers. Je me sens protégé parmi eux. Par une nuit sans lune, Okête s'assoit à mes côtés. Il m'apprend un grand secret : l'existence des Kuben. Ils sont très dangereux. Ils n'ont pas de massues, d'arcs ou de flèches mais ont des armes mystérieuses qui crachent le feu et tuent de très loin. Okête me fait peur. Mon père m'explique alors que les Kuben envahissent nos terres ; ils amènent avec eux des maladies mortelles que nous ignorons, contre lesquelles nos remèdes ne peuvent rien… J'apprends que nos ancêtres vivaient au bord d'une grande lagune salée (je sais, aujourd'hui, qu'il s'agit de l'océan Atlantique) mais devant l'avancée des Kuben au plus profond de la forêt, les tribus voisines se replient et pénètrent nos territoires. Elles utilisent alors nos propres pistes de chasse. Cela provoque des guerres entre tribus.

Mon père ne veut pas que j'aille tuer les Kuben ou d'autres Indiens, car je suis encore trop jeune.

Je suis impatient : « Père, je suis un jeune guerrier, à présent. Je tue déjà des singes, du gros gibier, je veux aller me battre moi aussi. » Il me répond : « Il faut faire la paix avec les autres tribus pour chasser les Blancs, il faut s'unir car ils sont de plus en plus nombreux, il ne faut pas tuer d'autres Indiens. Si tu vois les gens se battre tu dois les en empêcher. » Mon père me parle durement. Il crie si je suis trop lent, mais jamais il ne me frappe. Nous poursuivons notre voyage et rentrons au village de Kapôt où nous retrouvons tous nos parents pour quelques jours de fêtes et de repos.

À cette époque, nous allons d'un endroit à un autre, la plupart du temps pour chasser les étrangers de notre forêt. Je n'ai pas encore le droit de participer à cette chasse, je suis trop jeune. J'envie les grands. Je ne manque rien de leur préparation. Avant de partir au combat, les mères rasent la tête des guerriers avec des échardes de bambou. Un peu jaloux, j'attends mon heure. Elle arrivera vite !

Chapitre 4

L'initiation

J'ai quatorze ans environ. Mon initiation commence vraiment avec la terrible épreuve des *maribondas*[1]. À mains nues, je vais devoir détruire un de leurs nids. Les chefs de famille de mon clan, dont le nom est à présent, Txucaramae[2] ont repéré dans un coin de forêt, très haut placés dans les arbres, plusieurs nids de ces dangereux insectes. Il faut les détruire. Ils représentent un grave danger pour les très jeunes enfants. Le poison des frelons peut être fatal. À l'adolescence, les jeunes hommes, tels que moi, doivent démontrer leur bravoure. Épreuve imposée : détruire ces nids !

Nous avons chanté toute la nuit pour nous donner du courage. Dès l'aube, nous entrons dans la forêt, l'un derrière l'autre, en poussant des cris. Nos pères, mais aussi nos mères, nous attendent

1. Les frelons.
2. Les guerriers à massue.

au pied des grands arbres où sont nichés les frelons. Mon ventre est noué par la peur, je sais ce qui m'attend. Les chefs de famille ont construit de longues échelles de bois avec des ligatures de lianes. Ils les ont posées contre les troncs. À environ quinze mètres du sol, ces échafaudages mènent à hauteur des nids où bourdonnent ces horribles bestioles. « Cela va me faire très, très mal ! » me dis-je. Ma mère m'observe de loin, elle tient en main des gerbes de grandes feuilles de palmier. Du regard, elle me donne du courage. Minh est juste devant moi, c'est à son tour de s'élancer. Avec un cri sauvage, il court vers l'échelle, grimpe à toute allure et plonge sa main dans le nid pour en arracher un morceau. Au même instant, un essaim de frelons en furie l'attaque, en rangs serrés. Ils sont des centaines à s'emmêler dans la longue chevelure de mon meilleur ami. Ils lui piquent la tête, le visage, les mains, les yeux.

Minh redescend au plus vite, fou de douleur. Il s'écroule sur le sol en hurlant et perd connaissance. Deux guerriers l'emmènent à l'écart. J'ai peur pour lui, j'ai peur pour moi. Plusieurs femmes fouettent Minh avec les gerbes de feuilles pour chasser les frelons en folie qui continuent à piquer, leurs dards plantés dans sa chair. Mon ami ne bouge plus. Mon tour vient. Je dois montrer force et courage. Tous me regardent, car je suis le fils du chef de clan ! Je fonce et grimpe l'échelle à toute vitesse. Les frelons m'attendent, en rangs serrés, bourdonnant de colère. Ils fondent sur moi. Je suis comme frappé par un éclair, une douleur atroce me transperce. Je perds l'équilibre, me rattrape à une branche et arrache un gros morceau du nid que je jette au pied de l'arbre.

Mon corps brûle. Je dégringole les dernières marches et me précipite vers ma mère qui, aussitôt, me fouette, elle aussi, pour chasser les dangereux insectes. Ma mère et mon père me portent jusqu'à la maison ; je gémis sans arrêt, tant je souffre. Mon corps, mes mains, mes pieds, mon visage sont boursouflés par le venin. Ma tête est posée à présent sur les genoux de ma mère auprès du feu. Elle repousse la fumée vers moi, apaisant les brûlures comme elle le peut, mais je ne la vois pas, tant mes paupières sont gonflées. Je n'ai jamais eu aussi mal de ma vie ! Deux jours plus tard, j'ai retrouvé la forme, fier d'avoir réussi cette terrible épreuve. J'ai l'impression d'être plus fort, je me sens invincible. D'ailleurs, je suis immunisé pour le restant de mes jours contre les piqûres de frelons et de la plupart des insectes. Cela valait la peine, me dit-on souvent, mais quelle souffrance !

J'ai quinze ans quand mon père m'envoie pour la première fois, seul dans la forêt. Je dois affronter la grande nature, quarante jours durant, pour devenir un guerrier. Solitaire, comme jamais dans ma vie, c'est l'épreuve la plus difficile que je dois affronter. Encore plus dure que celle des frelons.

Dès l'aube, je quitte le village de Kapôt-Ninhore pour rejoindre celui de Kuben Krãkêj. Mon père m'a donné quelques indications pour que je ne me perde pas dans cette immense forêt. Il m'a fait mémoriser des repères pour m'indiquer la direction générale du parcours initiatique, tels certains croisements de rivières, ainsi que les positions du soleil à différents moments de la journée, en fonction des saisons. Il me montre du doigt quelques étoiles pour m'orienter la nuit. Dans cette forêt obscure et dense, il me faut souvent grimper à la cime des arbres pour voir un peu plus loin. Je dois aussi me nourrir, chasser et tuer à coups de massue tapirs, sangliers et capivaras[1]. À poursuivre ainsi le gibier, je perds parfois mes repères. Alors, je me désespère, j'ai peur de mourir seul dans la forêt. Je pleure. Quand, à bout de forces, je m'endors enfin, je rêve de ma mère, ce qui me redonne du courage…

Je dois aussi éviter tout contact avec les autres Indiens car je ne sais pas s'ils sont amis ou ennemis de mon clan. Quand cela risque de se produire, mon attention redouble. Je n'ose pas faire de feu, la nuit, de crainte de me faire repérer. Je n'ai pas le choix. Mieux vaut grelotter de froid, sans dormir, que de se faire prendre. J'avoue que, parfois, j'ai dû manger de la viande crue. Si je peux faire un feu pour cuire la viande, je me

1. Le plus grand rongeur amazonien.

couvre de feuilles ou de cendres pour m'endormir au chaud. Le matin, quand il reste quelques braises, je les emporte avec moi dans un petit panier. Un jour de grosse pluie, je suis tombé. J'ai perdu mes braises et je n'arrivais plus à allumer un feu. D'autre fois, je suis resté plusieurs jours sans manger. Je ne trouvais rien… Rien ! La nuit, je guette le moindre bruit, car une panthère peut m'attaquer à tout moment. Je dois faire attention aux serpents ; certaines morsures sont mortelles. Personne ne viendrait à mon secours. Personne ne sait où je me trouve. Personne… Une nuit, une horde de sangliers m'attaque, je me réfugie dans un arbre. Finalement, j'arrive à destination et le chef de Kuben Krãkêj me reçoit avec beaucoup d'égards.

Je rentre dans mon village un mois plus tard, avec quelques amis qui m'accompagnent. Mon père organise une fête à l'occasion de mon retour. Ce sont des moments merveilleux. À cette époque, je n'avais pas encore vu de Kuben, mais j'en avais entendu parler, bien sûr, depuis la révélation d'Okête.

Raoni me dit en aparté :

Aujourd'hui, je peux aller en avion à Kuben Krãkêj car il y a une piste de terre pour s'y poser. Du ciel, je vois le chemin incroyable que j'ai dû parcourir, environ deux cents kilomètres, selon le pilote ; une distance dont je n'avais, bien sûr, aucune notion à l'époque ! Je n'oublierai jamais les souffrances endurées alors. Aucun jeune, de nos jours, n'est prêt à surmonter cette épreuve.

Comme désabusé par son propre constat, Raoni hoche la tête, les yeux perdus dans son lointain passé.

Chapitre 5

L'éveil

Quelques jours plus tard, mon frère Motibau prend une feuille de *babacu*[1] et me dit de l'enrouler autour de ma verge. Nous l'utilisons pour cacher notre pénis. C'est alors que je suis considéré comme un homme. Plus jamais je ne pourrai montrer mon sexe nu en public. À seize ans, je suis devenu un vrai guerrier. C'est l'âge où je dois commencer à insérer un *botoque*[2], un petit d'abord, puis un autre plus grand chaque mois. Il faut quatre ans pour qu'il atteigne la taille maximale, celle que je porte encore aujourd'hui. Le labret est un symbole fort. Celui qui le porte est prêt à mourir pour sa terre. Tout le monde a peur d'un Indien à labret, car on reconnaît tout de suite en lui un Indien très dangereux.

Pour la première fois, je pars avec mon frère à la rechercher des Kuben. J'entends toujours parler

1. Espèce de palmier.
2. Le labret.

d'eux, des menaces qu'ils représentent. Je suis curieux d'en voir de mes propres yeux. Un jour, nous arrivons au bord du rio Araguaia. Nous nous baignons dans une lagune quand, soudain, nous apercevons deux Blancs à cheval. Je n'ai jamais vu de chevaux encore, un être étrange avec des cheveux[1] ! Je tombe en arrêt. C'est ça un Kuben ? Il a deux têtes et quatre pattes ! J'ai très peur et nous nous enfuyons, à toute vitesse. C'est ma première rencontre avec eux !

Nous rentrons au village le lendemain. En route, mon cousin laisse tomber un panier de manioc lorsque surgit une horde de sangliers. Nous grimpons dans un arbre pour leur échapper, mais restons coincés tout l'après-midi, avant que les sangliers ne s'en aillent ! Une fois à terre, nous rejoignons mon père. « Pourquoi avez-vous mis autant de temps ? » gronde-t-il. Nous lui expliquons l'histoire des sangliers, il éclate de rire et se moque bien de nous ! Un autre jour, je chasse des oiseaux autour de la case d'Okête. Il m'invite à entrer chez lui. Il me raconte comment son grand-père lui a transmis toutes ses connaissances et sa sagesse : « Quand il a terminé mon éducation, mon grand-père m'a dit : "Tu es prêt, va le dire aux autres." Alors, j'ai appelé tout le monde, jeunes et vieux, pour annoncer que j'avais terminé mon apprentissage et que je pouvais devenir leur

1. Crinière.

chef. Tous m'ont écouté avec attention et ont donné leur accord. Ainsi je suis devenu chef. » Notre tradition est ainsi... Okête me dit alors de revenir pour commencer à acquérir toutes les connaissances afin que, moi aussi, je devienne chef. Malgré tout, c'est principalement mon père qui s'occupe de mon éducation. À cette époque, les femmes pouvaient aussi devenir chefs. Aujourd'hui, cela n'existe plus.

Un jour, nous retrouvons mes frères et mes cousins, partis depuis plusieurs mois. Avec eux, il y a... un enfant blanc ! Mes frères fredonnent une chanson que l'enfant leur a apprise. Quand nous tuons les Kuben, nous épargnons les enfants. Nous les emmenons pour les élever au village. Le clan en a fait un vrai Txucaramae. Il a fait preuve de bravoure, est devenu guerrier et a même porté le labret. Il n'a jamais cherché à rejoindre le monde des colons. Nous avons beaucoup de rage, en général, envers les colons, car nous savons qu'ils n'hésitent pas à tuer les Indiens. Alors, nous faisons la même chose ; nous tuons ceux qui envahissent notre forêt. Ainsi va notre vie. Le quotidien consiste en une recherche permanente de nourriture et à faire la guerre à n'importe qui, pour n'importe quoi. C'est pour cette raison que nous, Indiens du peuple kayapo, sommes une des tribus les plus redoutées d'Amazonie. Trois mois plus tard, mon frère et mon cousin, partis, une nouvelle fois, chasser les Kuben reviennent au village avec des haches, des couteaux et des hameçons. Peu après, mon frère souffre d'une mauvaise fièvre... J'apprendrai qu'il s'agit de la malaria, attrapée au contact des colons.

Raoni se met en colère.

Les colons nous ont amené la malaria et la grippe, qui était mortelle pour nous. Nos enfants et les vieux en mouraient. Dix enfants naissaient, dix enfants mouraient de la grippe ! Les femmes n'en voulaient plus... Des Blancs ont aussi capturé et violé nos femmes quand ils ont massacré un village. Ils ont transmis de mauvaises maladies comme la syphilis et la variole. C'est pour cela que nous sommes en guerre avec eux. Pourquoi les Kuben ne laissent-ils pas les Indiens vivre tranquillement dans leurs forêts ? Il n'y aurait pas de problèmes ! Pourquoi veulent-ils tout détruire ?

À la guérison de mon frère, nous partons de nouveau à la recherche des colons qui continuent de pénétrer sur notre territoire. Devant un ensemble de quatre maisons, six femmes préparent du riz. En nous voyant, elles poussent des cris de terreur. Un homme, attiré par le bruit, sort d'une des maisons et nous tire dessus. Nous prenons la fuite et retournons au camp où nous attend ma mère.

Mon grand ami Krômare revient au bout de trois mois et je peux enfin reprendre avec lui mes déambulations dans la forêt. Nos camps de chasse consistent en de grandes palmes posées sur une armature de branches, taillées à la hache de pierre. Nous y dormons parfois très mal, car il y a beaucoup trop de moustiques ! Après trois jours de marche, nous arrivons en vue d'un campement de bûcherons. Krômare me dit : « Nous les attaquerons ce soir. » En fin d'après-midi, nous nous rapprochons des cabanes et les observons, attendant la tombée de la nuit. Lorsque les bûcherons s'endorment dans leurs hamacs, nous entrons silencieusement dans la maison. Krômare se met à pousser des cris en s'emparant d'un de leurs fusils. Les deux colons se réveillent en criant, eux aussi. Ils nous tirent dessus. Nous parvenons à prendre la fuite mais les bûcherons vont chercher du renfort et, bientôt, tous les colons de la région se lancent à notre poursuite sur leurs chevaux. Nous nous enfonçons loin dans la jungle. Croyant être en sécurité, je me mets à pêcher avec Krômare quand le sifflement d'un oiseau m'avertit que les cavaliers sont tout près. En effet, peu après, nous sommes découverts et ils nous tirent dessus, sans nous toucher. Les bûcherons nous pourchassent aussi avec des chiens. Finalement, ils abandonnent. La forêt est trop dense pour leurs chevaux. Les chiens, eux, ne nous lâchent pas. Nous courons comme des fous pour leur échapper. Ils nous poursuivent jusqu'au village. Toutes les femmes partent en courant pensant que les colons sont derrière les chiens. Finalement, les chiens restent avec nous. Nous les nourrissons sans doute mieux que les Kuben !

Les jours suivants, nous reprenons notre marche mais, à mon tour, j'attrape la malaria. Je dois m'arrêter pour me reposer. Pendant que les autres chassent, une meute de sangliers m'attaque. Il n'y a qu'une femme et un enfant dans le camp avec moi. Au moment où les sangliers chargent, je suis couché dans la cendre chaude. Je tremble de fièvre mais j'ai la force de tirer une flèche et de blesser l'une des bêtes qui pousse de grands cris. Les autres s'enfuient. Mes compagnons reviennent avec beaucoup de gibier. Cette nuit-là, je reçois la visite d'un esprit qui me dit : « Tu dois chasser la maladie de ton corps. » Je lui réponds : « Mais c'est toi qui dois me guérir ! » Je perçois alors l'esprit qui enlève quelque chose de ma poitrine. Je me sens tout de suite mieux. Le lendemain, en pleine forme, je tue six sangliers à moi seul. Je suis devenu très bon avec les flèches.

Chapitre 6

Les combats

Un an plus tard, nous repartons sur le sentier de la guerre pour chasser les ennemis qui envahissent nos terres et pour empêcher la propagation des nouvelles maladies contre lesquelles nos remèdes ne peuvent rien. Notre routine est toujours la même : nous patrouillons sur nos territoires pour en chasser les intrus. Je me souviens d'une fois où mon père, deux de mes frères, trois cousins et moi sommes allés vers un des campements de Blancs. Dès qu'ils nous voient, ils s'enfuient, terrifiés, en abandonnant toutes leurs affaires. Nous apercevons alors des sangliers en train de dévorer leurs plantations de manioc. Nous en tuons cinq que nous cuisons et mangeons sur place. Dans le camp des Kuben !

Raoni éclate de rire à ce souvenir.

Le matin suivant, nous repartons ; nous changeons de camp tous les jours. Après cinq jours de marche, nous arrivons dans un petit village de quatre maisons. Nous l'observons de loin lorsque nous apercevons un groupe de colons à cheval. Ils sont trop nombreux ; nous continuons notre chemin. Deux jours plus tard, nous atteignons un champ où travaillent de nombreux hommes, des femmes et des enfants. Le matin suivant, tous les hommes partent à la plantation sauf un, blessé au pied, qui reste dans son hamac. Au moment où nous allons l'attaquer, ses chiens nous sentent et se jettent sur nous. Le fermier nous tire dessus, nous manque, il n'y a pas de blessés. Alors, nous traversons la rivière. De l'autre côté, se trouve une autre cabane. Je m'en approche pour y répandre une poudre de racine qui diffuse une odeur anesthésiante. Mais, avant de pouvoir la jeter, le hennissement d'un cheval et les chiens qui s'agitent m'obligent à fuir. Alerté, le cavalier me rattrape et me tire dessus… Lui aussi me rate… Tout en courant, j'attrape un morceau de bois, me retourne, essaie de le frapper. Je ne parviens qu'à frapper le cheval. Le colon tente à nouveau de me tirer dessus, mais son fusil se bloque. J'attrape un autre morceau de bois et, cette fois, je le touche à la tête. Il s'enfuit sur son cheval. Je m'assieds par terre pour reprendre mon souffle quand, soudain, un groupe de cavaliers fonce vers moi au grand galop, en poussant des cris. Je cours me cacher dans la forêt. Heureusement, la nuit tombe avant qu'ils ne me retrouvent. Mon cousin me rejoint peu après, surpris de voir que je ne suis pas blessé. Nous marchons dans le clair de lune et apercevons au loin les colons qui continuent à nous chercher. Nous grimpons vite dans un grand arbre et somnolons, couchés sur les branches. Les chiens qui sentent notre présence n'arrêtent pas d'aboyer mais ils ne nous trouvent pas.

Le lendemain, nous retournons à notre village de Kapôt-Ninhore. Mon père m'annonce que le moment est venu d'aller retrouver notre cousin Bepgogoti, le chef du grand village de Kuben Krãkêj et de faire la paix avec lui et son clan : « Toi, Raoni, et ton frère Kopre, vous y allez pour préparer le terrain, après vous revenez ici et nous y retournerons tous ensemble. » Le matin suivant, nous partons vers Kuben Krãkêj. Ce village est très loin du nôtre. En fin de journée, nous nous arrêtons au bord du Xingu pour pêcher avec des hameçons que nous avons pris aux Kuben. Nous utilisons des grenouilles comme appât pour attraper les piranhas que nous grillons ensuite sur le feu. Le matin suivant, nous coupons six troncs avec nos haches de pierre, les attachons avec des lianes, installons nos affaires dessus. Nous traversons alors le fleuve Xingu à la nage, en tirant le radeau derrière nous. Je suis un bon nageur, j'ai appris à nager avec mon père quand j'avais dix ans. De l'autre côté du Xingu, je flèche dix sangliers. Oui, dix, je vous le jure ! Durant tout ce voyage, nous en tuons et en mangeons beaucoup.

Nous emmenons de gros morceaux de viande avec nous pour le cas où la chasse serait moins bonne. Nous arrivons bientôt au village de mon ami Kremôrô, peuplé de centaines d'habitants. C'est alors qu'un jeune guerrier vient dans la case des hommes au centre pour nous annoncer qu'un certain Kukrãjre et son groupe arrivent du village Kuben Krãkêj, justement celui où mon père nous a ordonné de nous rendre pour proposer un accord de paix. Les guerriers sont très nerveux. Ils veulent tuer ces arrivants en raison d'une ancienne querelle. Je réfléchis et cherche à savoir comment agir pour stopper ces éternels conflits. Pour la première fois de ma vie, je me lève et déclare, avec force, à l'assemblée : « Vous ne pouvez pas les tuer, j'en ai assez de toutes ces guerres ! Cela suffit ! » Les chefs se regardent avec surprise, ils discutent entre eux puis Kremôrô se lève à son tour : « Nous sommes d'accord avec Raoni, ne les tuez pas. » C'est ainsi que Kukrãjre et sa famille sont arrivés au village, sains et saufs. Ce fut pour moi une révélation. Je comprends que j'ai sauvé leurs vies. Je peux, uniquement avec des mots et ma volonté, changer le cours des choses !

Un jour, un vieux vient me voir dans la case des hommes : « Demain toi et tes copains devez aller chercher du sipo pour la prochaine grande pêche. » Ces racines de sipo, plongées dans l'eau, sont l'arme qui tue. Je n'en reviens pas de voir tant de poissons, asphyxiés, remonter en surface. Ils sont alors si faciles à attraper. Le lendemain, nous partons en forêt pour couper ces fameuses racines. En cours de route, j'entends quelques Indiens se lancer des défis : « Après la pêche, nous allons nous battre entre nous pour voir qui est le plus fort. » Je ne suis pas d'accord et je leur crie : « Non, nous n'allons pas nous battre, c'est fini ces histoires de défi, de vengeance, on oublie ! On vit en paix maintenant. »

À cette époque, je commence à agir d'une autre manière que les autres Indiens. Je veux arrêter ces guerres absurdes entre nous. Mes compagnons sont impressionnés. Je gagne leur respect : « D'accord, Raoni, nous allons juste pêcher et manger du poisson ; pas de combat. » Je commence à assumer mon rôle de chef.

Chapitre 7

Le premier contact

Quelques jours plus tard, nous arrivons aux chutes Von Martius[1]. Nous y découvrons beaucoup d'objets qui nous sont étrangers, des boîtes de conserve, des bouteilles vides. Je pense que les colons sont arrivés jusqu'ici et qu'ils sont repartis. Peu après, tandis que nous progressons dans la jungle, nous entendons un groupe d'Indiens venir dans notre direction. Nous prenons alors tous la position de combat. Je cale un pied loin devant, bien ancré dans le sol spongieux, je replie l'autre vers l'arrière en soutien. Je brandis ma lourde massue de guerre en bois de fer, prêt à tout. Eux aussi ralentissent et s'approchent avec précaution. Je peux les observer car mes yeux sont habitués à voir au travers de la muraille verte tout autour de moi. C'est mon père qui me l'a appris. Je l'ai accompagné dans la forêt depuis

1. Du nom d'un explorateur allemand Carl Friedrich von Martius (1794-1868).

mon plus jeune âge afin d'y affiner ma vision. Il entraînait mes yeux à regarder en glissant entre les feuilles, les branches et les troncs ; à voir le gibier à trente mètres. Depuis, je pratique cette « vision » ; cela m'a bien aidé car, parfois, elle me montre aussi les esprits. Ceux qui toujours m'ont guidé, et d'autres, moins sympathiques... Il est essentiel de voir les ennemis avant qu'eux ne nous voient.

Comme nous, les autres chasseurs sont entièrement nus, avec juste la feuille de babacu serrée autour du pénis pour le protéger des éraflures durant les courses dans la jungle. Comme nous, également, ils portent le labret de balsa, inséré dans la lèvre inférieure. Le plateau est peint en rouge sang avec la teinture de l'urucum[1]. Sont-ils des amis ou des ennemis ? Ils nous ont vus ! Je suis alors très tendu, nerveux, je sens le danger, je suis prêt à me battre, à la vie, à la mort ! J'aperçois soudain un des Indiens qui ressemble à mon cousin Pàtnhin, mais, au premier abord, nous ne nous reconnaissons pas, car son clan s'est séparé du nôtre durant mon enfance. Finalement, nous tombons dans les bras l'un de l'autre.

Pàtnhin me raconte que Cláudio et Orlando Villas-Bôas[2] sont venus jusqu'aux chutes, accompagnés d'Indiens de la tribu des Jurunas, nos

1. Une baie sauvage.
2. Célèbres indigénistes brésiliens.

ennemis jurés : « Les Villas-Bôas ont amené beaucoup d'armes, mais les Jurunas leur ont dit qu'il ne faut surtout pas nous les donner, sinon nous allons tuer tout le monde... » Pàtnhin éclate de rire et ajoute : « Ils nous ont seulement laissé des tissus, des casseroles, des hameçons, du fil de pêche et des couteaux. » Pàtnhin me raconte aussi que certains clans voulaient tuer les Villas-Bôas, mais une vieille indienne, Ikawapu et son mari Thio, ne les ont pas laissés faire : « Ne les tuez pas car ils peuvent nous amener beaucoup de cadeaux. » Les deux vieux ont donné des bananes aux Villas-Bôas et ont ainsi sauvé leurs vies ! Moi, je n'ai toujours pas vu ces Villas-Bôas !

Je retourne aux chutes Von Martius. Pour la première fois, je rencontre, enfin, Cláudio et Orlando Villas-Bôas. Mon père m'a déjà averti : « Ne crois pas qu'ils sont seuls et qu'ils vont partir ensuite. Non, derrière eux, il y aura beaucoup de Blancs qui, eux, vont rester et prendre notre terre. » Je suis d'accord avec mon père. Je pressens déjà la destruction de notre forêt. Le lendemain, Orlando et Cláudio Villas-Bôas viennent dans notre campement avec des cadeaux : des perles de couleur, des hameçons et du fil de pêche. Nous ne comprenons pas un mot de ce qu'ils disent.

Et surtout, ils sont avec des Jurunas, nos ennemis ! À notre grande surprise, Dâa, le chef de la tribu des Jurunas, et Prepori, un sorcier de la tribu des Kajabi, nous proposent de faire la paix. Ils nous rassurent quant aux intentions des Villas-Bôas qui, eux aussi, souhaitent la paix entre les tribus : « C'est la seule solution pour que les Indiens se défendent, disent-ils. Vous devez vous unir, sinon les colons, de plus en plus nombreux, vont vous exterminer. » Je parviens à convaincre mes compagnons à accepter cet accord de paix car je suis du même avis que Dâa, Prepori et les Villas-Bôas. Cláudio me regarde avec beaucoup d'intérêt. Il voit bien que je suis un jeune chef et veut devenir mon ami. Je ne comprends rien à ce qu'il me dit mais j'accepte ses cadeaux, bien sûr !

Enfin, nous faisons la paix avec Dâa et Prepori. Nous nous embrassons à tour de rôle, en poussant des cris de joie qui résonnent dans la forêt. Nous sommes encore plus forts grâce à cette nouvelle alliance. Dès le départ d'Orlando et de Cláudio, nous rentrons chez nous au village de Kapôt. Après une belle fête, nous revenons aux chutes et une vingtaine d'entre nous rendent visite aux Jurunas ; désormais nous sommes amis. Hélas, peu de temps après, huit des nôtres attrapent la malaria chez les Jurunas. Ils contaminent beaucoup de monde quand ils reviennent au village. Moi aussi, je tombe malade une fois de plus. J'ai beaucoup de fièvre, je me sens très mal. Alors l'Esprit de la mort vient me chercher. Toute la nuit, il va et vient, rôde autour de moi, mais je lui résiste de toutes mes forces. Dès l'aube, ma mère m'emmène hors du village pour me soigner. Au moment de traverser une rivière, je revois l'Esprit et je tombe dans l'eau. L'Esprit m'entraîne vers le fond. Je lui crie : « Non, je ne te suivrai pas ! Je dois rester ici-bas. Mon peuple a besoin de moi. » L'Esprit me laisse alors rentrer dans mon corps et je sors de l'eau lentement. Arrivé au campement, je me couche, la fièvre est toujours très forte. J'ai des « visions ». Je voyage hors de mon corps. Je vois des guerriers qui chassent toutes sortes de gibiers. Je vois tout très clairement : je vais où je veux, quand je veux, à travers la forêt. Ma mère me passe toutes sortes de remèdes sur le corps pour me guérir. Après je ne me souviens plus de rien…

Je suis resté malade pendant toute la saison des pluies. Entre-temps, deux de mes cousins sont morts de la malaria. Dès que je me sens mieux, je décide d'aller marcher. Mon père pense que c'est une bonne idée que j'aille jusqu'au village de Kuben Krãkêj où il y aura bientôt une fête. En chemin, nous croisons des parents du groupe de Kremôrô. Ils nous avertissent que les guerriers de Bepgogoti vont nous attaquer ! Les guerres ne sont donc pas encore finies ? Nous devons retourner aux chutes Von Martius afin d'apaiser cette situation.

Chapitre 8

Après le contact

Aux chutes, la fille d'un vieux fétichiste est morte de malaria. Il est très triste. Il veut tuer tout le monde avec ses poisons et ses venins qu'il a déjà répandus autour de lui. Heureusement, mon père découvre où il les a cachés et les jette dans les chutes. Il nous dit : « Vous devez fuir ce poison, il est extrêmement dangereux, partons sur l'autre rive du Xingu. » Nous traversons le rio en radeau mais, le jour même, cinq personnes meurent empoisonnées ; d'autres encore décèdent le soir. Mon père m'envoie de toute urgence chercher certaines racines dans la forêt pour combattre le venin mortel. Je commence à connaître le secret des racines pour soigner les morsures de serpent ou contrer d'autres poisons, comme celui du vieux sorcier qui nous décime. Tous ceux qui n'utilisent pas cet antidote en le frottant sur leur corps meurent dans d'horribles souffrances. Comme nous pensons que ce poison va tous nous tuer, nous décidons de partir au plus vite.

Après plusieurs jours de marche forcée, nous rentrons enfin au village, mais la grippe y est arrivée avant nous. Je pense qu'elle est venue avec Orlando et Cláudio Villas-Bôas ! Cette maudite grippe tue mon père, mon grand-père Pãjtuk et mon oncle Àkire ! Je suis désespéré, fou de chagrin et de colère. Il n'y a aucun médicament pour soigner cette nouvelle maladie, ce poison inconnu. Avant de mourir mon père me dit : « Mon fils, tu dois bien te comporter car plus tard, tu dois devenir l'ami des Blancs. Je pense que Cláudio et Orlando veulent nous aider. À toi, donc, de reprendre mon nom et de le donner à ton fils. » Ses derniers mots. Puis, il s'éteint. Nous l'enterrons à Kapôt-Ninhore, il est toujours là-bas aujourd'hui. C'est pour cette raison que je veux reprendre cette terre qui nous a été arrachée par les colons et la préserver pour nous, les Indiens. Là se trouve la tombe de mon père, de mon grand-père et d'un grand nombre d'ancêtres de mon peuple.

Alors, je décide d'aller au poste Leonardo où se sont installés les Villas-Bôas, au cœur de la région du Xingu. Je veux travailler avec les Blancs afin de mieux les comprendre. C'est ainsi que j'apprends mes premiers rudiments de portugais. Orlando devient mon professeur. Il parle de tout, me met en garde et m'assène ses vérités : « Tu ne peux pas boire de bière sinon tu vas perdre ta terre et la tête. C'est ainsi que font les

Portugais. Ils donnent de la bière aux Indiens et après… ils les tuent ! » Orlando s'agite beaucoup : il aime crier. Il doit penser que nous sommes sourds ou idiots. Pointant son doigt sur moi, il s'écrie : « Vous, Indiens, ne pouvez plus vous entre-tuer ! Vous devez rester frères et protéger vos terres ! Ensemble. Beaucoup de Blancs sont des voleurs, vous devez vous méfier ! »

Je reste au poste des Villas-Bôas pendant un an. J'ai vingt-quatre ou vingt-cinq ans. Mon village me manque. Ma famille aussi. Un jour, je vais voir Orlando pour lui demander de me ramener chez moi. Nous remplissons quatre barques à moteur avec des cadeaux pour les miens. Les retrouvailles sont émouvantes. Comme c'est la coutume chez nous, tout le monde pleure pour mon retour. Les cadeaux : des hamacs, des cordages, des machettes, des couteaux, ont beaucoup de succès ! J'organise la distribution à tous les chefs de famille. Nous repartons deux jours plus tard. Orlando a une idée en tête. Il est chargé par le gouvernement de trouver le centre géographique du Brésil qui se trouve sur notre terre. Aidé par sa boussole, il nous indique le chemin à suivre. Il nous demande de tailler une piste dans la jungle. Nous mesurons les distances avec de longues lianes. Orlando note tout dans un carnet. Trois jours plus tard, nous arrivons à ce fameux centre du Brésil.

Un petit avion vient nous survoler, il se pose sur une plage du rio Xingu. Il repart avec

Orlando et je rentre seul à mon village de Kapôt-Ninhore. L'endroit est désert. Je ne m'inquiète pas. Nous sommes des nomades et nous nous déplaçons sans cesse. Je me mets à la recherche de ma mère et parviens à retrouver sa trace : en fait, elle est allée à Ropkre, un autre village. C'est là que je rencontre à nouveau Bekwyjka, ma future femme. Je ne l'avais vue qu'une fois, quand nous étions enfants. Elle est jeune et jolie, je tombe sous son charme. Elle est orpheline, ses deux parents sont morts de maladies amenées par les Kuben. Ma mère l'aime bien. Depuis la mort de mon père, Bekwyjka lui tient compagnie. Elle se sent bien seule et apprécie son soutien. Un soir, au coin du feu, elle me dit avec douceur : « Raoni, tu as l'âge pour te marier. Que penses-tu de Bekwyjka ? Je trouve qu'elle est faite pour toi... » Je ne suis pas surpris, car, chez nous, ce sont les mères qui choisissent les épouses pour leurs fils, parfois même quand ils sont encore enfants. Comme j'habite toujours chez ma mère, Bekwyjka s'installe chez nous, c'est aussi notre coutume. Trois ans plus tard, ma jeune femme est enceinte. Mon premier enfant naît : une fille, Ymôrô. Je n'ai qu'une seule épouse, j'ai eu six enfants avec elle. Avant de la rencontrer, j'ai eu quatre copines, je dormais avec elles mais n'ai pas eu d'enfants.

Un jour, des chasseurs débarquent sur nos terres. Ma mère les aperçoit en premier alors qu'elle se baigne dans la rivière avec ma fille Ymôrô. D'un cri, elle nous alerte. Je prends les armes. Avec deux autres guerriers, nous courons vers la berge, mais ils sont déjà partis. L'un de nous grimpe dans un arbre et les aperçoit. Ils sont quatre. Nous attendons que Kremôrô se joigne à nous, puis nous partons à leur poursuite en pirogue. Mais ils nous repèrent et accélèrent leur course, eux aussi à la rame. Bientôt, nous les rattrapons. Ils commencent à nous tirer dessus. Nous ripostons avec nos flèches, mais personne n'est touché et ils réussissent à nous échapper. Peu après, deux autres chasseurs accostent sur la rive. Nous les attaquons et nous emparons d'eux, Minh, fou de rage, s'apprête à les tuer, mais, – Raoni exprime une sorte de stupeur –, ils ne sont pas blancs mais noirs ! Nous n'en avons jamais vu ! J'essaie de leur parler, mais ils ne comprennent rien. Alors nous les laissons repartir car nous pensons qu'ils viennent peut-être d'une autre tribu.

Raoni sourit à se souvenir... Car, depuis qu'il a franchi les frontières de la forêt, il a croisé plus d'un Noir.

Plus tard, trois autres chasseurs remontent la rivière. Ils s'arrêtent pour faire un feu. Ils nous appellent. Je laisse ma massue dans le canot et m'approche d'eux, sans armes. Un des Kuben pointe son arme vers moi. Je m'approche de lui tout doucement et lui prends son arme : « *Kamama, kamama Kuben*[1] *!* » L'un d'eux parle kayapo, notre langue, je lui demande :

« Pourquoi êtes-vous ici ?

— Nous avons l'autorisation de Bepnoi pour chasser dans cette forêt et pour prendre les peaux.

— Ici, ce n'est pas la terre de Bepnoi, c'est la nôtre, vous n'avez pas le droit de chasser ! »

Kremôrô me rejoint avec deux autres Indiens armés de massues. Il me hurle :

« Les Kuben ont tué ton frère et ton cousin, Raoni ! Beaucoup d'entre nous sont morts sous leurs balles ou leurs maladies, nous devons les tuer !

— Non, Kremôrô, il ne faut pas les tuer, cela ne sert à rien ; d'autres viendront plus nombreux pour les venger… Moi, je ne les tuerai pas ! »

Ils les tuent, malgré moi…

1. Du calme, le Blanc !

Chapitre 9

La fin des tueries

Un an plus tard, ma mère attrape une très mauvaise malaria. Elle me demande de la ramener chez les Villas-Bôas pour recevoir un traitement. Nous partons donc avec elle, escortés par deux guerriers, Bedjai et Karôpi ainsi que mon neveu, Mégaron. En chemin, Bedjai reconnaît la pirogue des deux chasseurs qui nous ont échappé l'année dernière. « Cette fois, nous allons les tuer ! » crie-t-il. Nous les surprenons en poussant des cris : ils se réveillent en sursaut et se lèvent à toute vitesse de leurs hamacs en pointant leurs armes sur nous. Nous leur parlons un peu pour endormir leur méfiance, leur disons que nous allons dormir avec eux. L'un des deux se lève pour aller chercher de l'eau afin de faire du café, mais j'entends l'autre lui dire : « Nous allons leur donner du café, après, comme ils vont dormir ici, nous tuerons Raoni. »

Le peu de portugais que je comprends me sauve la vie. Les deux chasseurs sont séparés et je profite de l'occasion. Celui qui est parti chercher du café dans sa pirogue n'est toujours pas revenu, l'autre est couché dans son hamac avec son arme et celle de son compagnon. Je m'adresse à Mégaron : « Je vais le frapper et nous allons prendre leurs fusils. » J'abats ma rame sur la tête de l'homme dans le hamac : il meurt sur le coup. Mégaron prend les fusils. Nous avons à ce moment deux armes à feu en notre possession. Je me dirige vers l'autre chasseur qui cherche le café et l'un de nous lui tire une balle dans la poitrine, les autres l'achèvent à coups de rame. Il tombe dans l'eau. Mort. Après avoir tué les deux chasseurs, nous rentrons au village, satisfaits d'avoir accompli notre devoir. En haut de la rive qui borde le village, tous les habitants nous attendent. En nous voyant arriver et arrimer nos pirogues dans la petite anse en contrebas, jeunes et vieux, femmes et enfants nous accueillent avec des chants de victoire. Nous sommes reçus comme des héros ! Ma mère va mieux et la saison des pluies vient de commencer quand le grand chef Kretire et sa tribu arrivent pour vivre avec nous, dans notre village.

Un autre jour, nous voulons attaquer sept chasseurs mais Kretire, qui a la grippe, nous dit de les laisser partir : « C'est trop dangereux car ils sont très armés. » Je décide alors d'aller voir Cláudio Villas-Bôas qui s'est installé dans la région pour essayer de nous protéger. En effet, son frère Orlando et lui s'efforcent de préserver nos terres et de convaincre le gouvernement brésilien de nous accorder une « réserve » pour vivre en paix, loin des Kuben. Pendant un mois, Cláudio me parle du monde nouveau qui nous tombe dessus : « Les colons sont très mauvais pour les Indiens, ils ne vous aiment pas. Ils veulent seulement profiter de vous, prendre vos richesses et vos terres. Raoni, tu es un homme fort, si jamais mon frère et moi devions quitter le Xingu, vas-tu encore tuer des colons ? » Je réponds : « Oui ! J'ai essayé d'empêcher les miens d'arrêter ces tueries mais rien n'y fait et, comme chef, je dois suivre l'avis des autres. »

Cláudio me dit alors : « Maintenant tu ne peux plus tuer les colons, tu dois seulement leur parler très durement et les chasser. Tu n'es plus un enfant. Avant, il n'y avait que des Indiens au Brésil, puis les Portugais sont arrivés. Ils vous ont donné de la bière et du rhum. Beaucoup de villages, beaucoup de tribus ont disparu, tant d'Indiens sont morts, tués par les colons ! Si l'un d'eux veut entrer sur tes terres tu dois le chasser, la plupart sont des voleurs. Leurs femmes ont des maladies. Tu dois dire à ton peuple qu'il ne faut pas toucher aux femmes blanches ni laisser les colons toucher les femmes indiennes. »

Cláudio me regarde avec force : « Ces gens-là mentent aux Indiens, ils leur donnent du sel, du sucre, du café, mais il faut refuser ces cadeaux. Le colon commence à faire des routes dans la forêt. Il va bientôt arriver ici et traverser le Xingu ! Ensuite, beaucoup d'autres vont venir et détruire la forêt, votre forêt ! Dans le futur, les enfants des Indiens vont chercher à imiter les colons ; ils vont oublier leur culture, abandonner leurs traditions, ils n'iront plus chasser. Ce sera votre fin ! »

Je passe beaucoup de temps à écouter Cláudio, couché dans son hamac et tirant sur sa cigarette de Kuben, tandis que je fume mon tabac noir. J'ai toujours une pipe sur moi. Entre deux bouffées, il revient sur les mêmes idées fortes, afin que je ne les oublie jamais. Un soir, il s'emporte : « Raoni, à présent que tous les clans kayapos sont alliés, tu ne peux pas laisser ton peuple perdre sa culture. Les Kayapos sont forts et courageux, ils doivent toujours se percer la lèvre et mettre le labret. »

Cláudio Villas-Bôas me met toutes ces idées dans la tête, comme mon père avant lui. Mais personne n'écoute Cláudio. Il n'y a que moi qui l'écoute jusqu'au bout. Aujourd'hui, nous restons dans nos villages. Nous ne bougeons plus sans arrêt, comme autrefois. Hélas, nous avons perdu le courage de nos ancêtres. C'est la raison pour laquelle les Blancs continuent à prendre nos terres.

Deux ans après l'avertissement de Cláudio, la route arrive… Je veux attaquer le chantier mais, cette fois, d'autres chefs refusent de me suivre. Ils sont déjà soumis : « Les colons nous amèneront beaucoup de bonnes choses, beaucoup de cadeaux. » Moi, Raoni, je suis chef, mais je dois prendre l'avis des autres chefs, je ne peux pas décider tout seul. C'est pour cette raison que je n'attaque pas la route. Je suis en colère. Je leur dis qu'ils sont stupides et qu'ils vont se faire avoir, comme l'a prédit Cláudio.

Un jour, un ministre, Cavalcanti, et Bandeira de Mello, président de la Funai viennent nous parler :

« Nous avons amené beaucoup de cadeaux pour vous…

— Nous ne voulons rien de vous, vous pouvez tout reprendre !

— Raoni, nous voulons te dire que nous allons faire une ville, ici, avec un hôpital et une école. Tout cela sera très bien pour vous, nous aimerions que tu nous donnes ton accord. »

Ils veulent que j'accepte la route. Je crie avec toute ma force : « Non, je ne veux pas de route ici, ni de ville ! Les Kuben ne nous apportent que des maladies et de l'alcool. Je ne veux pas de cela. Vous voulez en finir avec mon peuple ! Vous devez partir ! » Ils se taisent, tête basse. Plus tard, ils veulent me revoir mais je refuse.

Le soir, je vais dans le petit restaurant qui s'est déjà ouvert au bord du chantier. Là, nous sommes une dizaine d'Indiens, le cuisinier a très peur de nous. Il me demande si nous voulons manger. Nous sommes d'accord pour goûter sa nourriture.

La femme du cuisinier ouvre une bouteille de rhum blanc que je prends pour de l'eau ! Mais, avant de la boire, je sens la bouteille. Quand je sens l'alcool, je la jette violemment par terre. Elle se brise. Affolée, la femme s'enfuit en poussant des cris. Je cours derrière elle, mais la laisse partir dans le chemin de boue. Nous éclatons de rire et nous rentrons tous au village…

Chapitre 10

L'exode

Je suis en train de couper un arbre pour tailler une pirogue, quand un jeune Indien m'avertit que des Kuben sont au village. Je rentre aussitôt chez moi et je trouve trois Blancs dans ma case. Ils veulent me parler et cherchent à savoir si je vais attaquer la petite ville qu'ils sont en train de construire sur nos terres. Je leur dis : « Non, je n'ai jamais dit cela. » En fait, je veux juste les calmer et apprendre ce qu'ils ont en tête exactement. Alors, l'un d'eux dit à ses compagnons : « Vous voyez le cacique Raoni est très gentil avec nous. » Je n'en crois pas un mot, il essaie de m'amadouer, comme si je pouvais être apprivoisé ! Je ne suis pas un animal ! Une dizaine d'Indiens entrent dans ma case, armés, en colère, menaçants. Ils encerclent les Blancs, veulent les tuer. Suivant les conseils de Cláudio, je les calme et laisse les visiteurs repartir. À présent, tout le monde m'écoute car je suis un vrai chef. Je les accompagne jusqu'à leur barque à moteur. C'est alors, qu'au fond de la barque je remarque une petite boîte avec une tête de mort. Ils ont donc amené du poison avec eux ! Cláudio m'en a déjà montré, c'est une poudre blanche qui, mélangée à la nourriture, peut tuer, comme cela s'est passé dans un autre village kayapo. Alors, je deviens fou de rage. Ils s'enfuient à grande vitesse. Les autres Indiens veulent leur tirer dessus, mais je les en empêche, comme Cláudio me l'a enseigné. Il arrive quelques jours plus tard et je lui raconte l'histoire du poison. Il me dit qu'il vaut mieux s'installer dans un nouveau village, plus en amont, ce sera moins dangereux pour nous. Nous devons déménager pour éviter le contact avec les colons.

Le soir même, je réunis toute la tribu. Tous les chefs de famille qui en ont parlé à leurs femmes et à leurs enfants, sont d'accord pour abandonner notre village et en construire un autre, plus haut sur le fleuve Xingu, à l'intérieur de la réserve, créée par les frères Villas-Bôas. Nous partirons après la saison des pluies. Hélas, quelques jours plus tard, un Kayapo et sa famille viennent s'installer chez nous. Ils apportent des racines dangereuses récoltées dans la forêt. Je me rappelle alors une histoire terrible que mon père m'a racontée à propos de ces racines empoisonnées. J'ordonne au frère de Mégaron de les jeter immédiatement dans la rivière. Mais avant de s'en débarrasser, trop curieux, il ne peut s'empêcher d'ouvrir ce paquet entouré de feuilles. Hélas, en regardant à l'intérieur, il respire ce poison. Quelques heures suffisent pour que le virus se répande dans le village. Tout le monde est empoisonné. Une fièvre très forte nous enveloppe, donnant de terribles maux de tête. Trois Indiens meurent. Pendant plusieurs semaines, nous comptons de très nombreux malades, du fait de ce poison redoutable. Trois mois plus tard, nous remontons, enfin, le rio Xingu vers l'emplacement choisi pour établir le nouveau village. Nous l'appelons Kretire. Durant deux ans, il ne se passera rien d'important, nous ne voyons plus de colons, ni ne souffrons d'autres maladies. Nous sommes maintenant à l'abri !

Enfin, Kritako apparaît chez nous[1]. Il arrive de nuit, il pleut beaucoup. Je suis dans la case des hommes quand on nous alerte à propos d'un bruit de moteur qui s'approche de notre village. Qui peut bien venir chez nous, alors que c'est interdit ? Un chasseur ? Nous entendons la barque qui brave les vagues du fleuve Xingu, en colère, très agité, dévalant vers les chutes Von Martius, à quelques kilomètres en aval.

Couverts de la peinture du jenipapo, noire comme la nuit, nous descendons en courant jusqu'à la rive boueuse du Xingu, armés de massues, d'arcs et de flèches. La pluie redouble, on n'y voit rien. Quelques-uns d'entre nous portent des

1. En 1973.

torches enflammées pour éclairer la plage où accoste la barque. Au travers des trombes d'eau, je vois un jeune Blanc très maigre avec des cheveux longs. Il semble très nerveux. Il nous regarde avec de grands yeux effrayés. Il tient un bout de papier dans sa main tremblante de froid et de peur. À l'aide d'une lampe de poche, il lit un message de Cláudio Villas-Bôas en kayapo, mal prononcé. Je comprends que c'est un ami de Cláudio et je l'entends prononcer mon nom : « Raoni ». J'ai peur que ce jeune Blanc n'amène des maladies. J'ordonne aux femmes et aux enfants de rester à l'abri, sous les huttes, de crainte que cet étranger ne les contamine par la grippe ou une autre maladie contagieuse. D'un geste bref, j'indique à l'inconnu où monter son camp, à proximité de la berge, mais loin du village. Après qu'il s'est installé, je retourne le voir avec un de mes fils, blessé à la jambe. Je lui montre la sale blessure de l'enfant, une plaie ouverte. Le jeune homme ouvre son sac. Il contient des bandages et des remèdes qu'utilisent les Blancs. Comme il est annoncé par Cláudio, je lui fais confiance. Je le regarde faire, ne le quitte pas des yeux. Ses gestes sont doux et précis. Il me dit s'appeler Jean-Pierre et que son père est *doctor*[1].

Plusieurs jours passent. Mon fils va mieux. Kakôrô, l'un de nos meilleurs guerriers, observe

1. Médecin en portugais.

le jeune homme avec curiosité et sympathie. Fixant longuement le mince visage de Jean-Pierre, il lui donne son nom en kayapo : ce sera Kritako[1]... Je remarque un drôle d'objet dans les affaires de Kritako. Il s'en aperçoit et me fait répéter le mot « caméra ». Un mot simple, presque du kayapo. Je le répète à sa manière : *kaméra, kaméra, kaméra* ! Je ne peux pas encore savoir que ce mot va changer ma vie. Je comprends alors que Cláudio nous a envoyé ce Kritako pour nous aider avec cet étrange objet qui n'est pas un fusil. Deux ou trois jours plus tard, je l'autorise à circuler dans le village mais les femmes et les enfants se cachent, ils ont peur de Kritako. Un autre jour, je le laisse venir seul au village pour prendre quelques images avec sa caméra, mais pas longtemps, car nous sommes encore méfiants, surtout les femmes, dont la mienne, qui pensent que tous les Blancs sont porteurs de maladies. Bekwyjka ne veut pas accepter la présence de Kritako. Je lui explique : « J'ai confiance en lui. C'est Cláudio qui l'envoie. Avec sa drôle de boîte, il peut montrer comment nous vivons et nous aider pour que les Kuben nous comprennent... »

Alors, pour la première fois, je parle à une « kaméra », répétant les mots de portugais appris avec les Villas-Bôas : « Dix enfants naissent, dix

1. L'homme au nez en lame de couteau.

enfants meurent, faute à la grippe. Les femmes ne veulent plus être mères. Nous allons tous mourir. » Je donne des ordres brefs, en quelques mots, mais je sais également composer comme tout bon chef. Je peux crier et me fâcher, mais aussi être subtil et calmer les esprits. Au fil des ans, je commence à m'imposer comme l'interlocuteur dont la société brésilienne a besoin pour rendre possible un bon accord avec les Indiens. Dans tous les moments difficiles, le village et les tribus auront besoin de ma sagesse.

Avant que Kritako ne soigne mon fils, j'ai perdu un autre garçon, foudroyé par un éclair au beau milieu de la grande place autour de laquelle sont disposées les cases familiales. En signe de deuil, j'ai coupé mes longs cheveux. Au cours des mois précédents, il y a eu bien d'autres victimes parmi les membres de ma tribu, et notamment les enfants, à cause des maladies nouvelles. Les épidémies menacent. Montrer les épreuves de notre vie, pouvoir les expliquer avec la « kaméra » de Kritako et mes quelques mots de portugais, permet de transmettre mon message aux autres tribus et aussi au monde des Kuben.

Dans le village de Kretire, je vis à présent loin de mes terres ancestrales, mais nous sommes mieux protégés. Nous aurions tous péri de la grippe si nous étions restés en bas des chutes Von Martius, dans la Grande Forêt où je suis né. Les

Villas-Bôas nous ont persuadés de déplacer notre village. Ils ont eu bien raison. Grâce à eux, nous sommes abrités dans la réserve indienne qu'ils ont obtenue du gouvernement brésilien, le parc national du Xingu.

Chapitre 11

Ma vision du monde

Pemières photos de Raoni datant de 1962 peu après son premier contact avec le monde extérieur réalisé par les frères Villas-Bôas. Le jeune Raoni semble avoir une vingtaine d'années tout au plus. 1942 serait donc l'année approximative de sa naissance. À l'époque, les Indiens n'étaient pas recensés.

La forêt vierge, trésor de biodiversité dans toute sa splendeur.

© J.-P. Dutilleux, 1985.

L'orpaillage sauvage, souvent clandestin, laisse derrière lui une terre dévastée, empoisonnée par les mares de mercure.

1973, première rencontre de Jean-Pierre Dutilleux avec Raoni. Ici, il filme les Suyas, une autre tribu du Xingu, avec sa caméra Beaulieu 16 mm recouverte d'une housse en jean pour en étouffer le bruit et alimentée par une batterie improvisée.

1980, Jean-Pierre, *alias* Kritako, est du côté des Indiens pour témoigner des invasions illégales des terres indiennes.

1986, Raoni rencontre pour la première fois le chef sioux Corbeau rouge qui lui offre le calumet sacré de la part des frères du Nord.

Jean-Pierre trace le pourtour du territoire gigantesque que Raoni veut reconquérir pour les Indiens. Raoni l'obtiendra quelques années plus tard.

À Rome, le pape Jean-Paul II donne son soutien à Raoni ; Jean-Pierre est à ses côtés. Cette rencontre historique aura un impact important au Brésil, pays profondément catholique.

Un sacré contraste entre l'homme de la forêt des grands arbres et cet immeuble de Canberra en Australie, la dernière étape du tour du monde.

Opération humanitaire dans le Xingu, avec Raoni, Xavier Gélin et son père Daniel, Jean-Pierre et son père médecin Maximilien Dutilleux, en août 1993, le jour où le président brésilien Itamar Franco a officialisé la grande réserve du Xingu.

Rigolard, Raoni entraîne son ami président pour tenter de le ramener à son village, une amitié profonde lie les deux hommes depuis leur rencontre en 1989, Jacques Chirac était alors maire de Paris.

Jean-Pierre et Raoni, l'histoire d'une amitié indéfectible depuis 1973. Ensemble, ils ont forgé leur destin et créé la plus grande réserve indienne de forêts tropicales au monde.

Raoni, place de la Concorde à Paris.

Raoni et sa femme Bekwyjka. Compagne fidèle, discrète et aimante, elle a donné six enfants à Raoni.

Les petits-enfants de Raoni avec leurs copains écoutent fascinés les histoires du vieux chef.

Raoni affûte ses flèches comme au bon vieux temps
où il était le meilleur des chasseurs kayapos.

Raoni fume du tabac sauvage dans sa pipe traditionnelle.
Il est le dernier Indien à porter un labret ; les jeunes ne suivent
plus cette coutume ancestrale.

Il y a encore peu de temps, je ne me posais pas de questions sur ce monde qui n'est pas le mien. En revanche, je connais ma grande forêt intimement, mon univers avec toute sa force, ses secrets et les esprits qui le hantent. Je chasse les panthères noires, elles sont sacrées mais, parfois, je dois les abattre à coups de massue quand elles s'approchent trop près des villages et risquent de dévorer nos chiens et même nos enfants. Alors, je les traque durant la nuit.

Avant de partir en chasse, Kakôrô m'a posé sur les yeux un emplâtre de feuilles de piri-piri, une plante de chez nous, qui permet de voir dans le noir. J'ai dû attendre au moins une heure, couché près du feu de bois, avant que le piri-piri ne fasse son effet. J'entends une panthère qui grogne et se rapproche. Alors j'enlève le pansement qui m'aveugle et j'ouvre les yeux... Les émanations de chaleur de l'animal sont visibles dans l'obscurité de la jungle. La bête sauvage se croit invisible, mais elle n'est pas la seule à voir la nuit. Sous l'effet du piri-piri, je perçois le contour de son corps. Il rayonne. Une aura d'or rouge la dessine. Je me mets en garde, levant haut ma massue, et j'attends l'attaque du fauve. La panthère plonge sur moi. D'un seul coup, j'arrive à frapper sa tête, elle retombe étourdie. Je plonge sur elle à mon tour et l'achève à coups répétés. Je la prends sur mes épaules et rentre au village. Au coucher du soleil, nous dansons autour de la peau de panthère tendue sur une croix au centre du village et célébrons notre victoire. Nous sommes les rois de la jungle. Mes pensées me portent alors vers Impre-re, le Grand Esprit. Je le remercie de m'avoir protégé et implore l'esprit de la panthère de me pardonner.

Mes ancêtres ont découvert les mystères de la forêt. Ils les ont maîtrisés peu à peu. Ils les ont percés au gré de leurs épreuves quotidiennes, au long de leurs errances forcées, au fil d'innombrables générations de sorciers et de pajés[1]. Je sais où trouver la plupart des remèdes et des poisons que nous utilisons. Feuilles, racines et écorces n'ont pas de secrets pour moi. Très peu d'Indiens les connaissent. Dans mon univers, seuls les pajés savent préparer les remèdes et mélanger les bonnes poudres. Ils transmettent, oralement, ce savoir qui remonte à la nuit des temps.

1. Chamans.

Ainsi mon cousin Bedjai peut-il soigner en un rien de temps la morsure de serpents très venimeux, celles du jaca ou du surucucu. Leurs morsures sont mortelles. Je sais comment vivre des ressources de la forêt sans la détruire. Nous déplaçons régulièrement nos villages, au rythme des saisons et de la rotation des plantations. Cela afin de donner à la terre le temps de reprendre ses forces. Mon père me l'a dit et répété : à l'avenir, je serai confronté à ce monde nouveau qui assiège le mien. Je comprends qu'il est important de m'informer pour mieux le connaître et comment s'en protéger.

Lors de nos premières rencontres, Kritako m'apprend que nous vivons sur une énorme boule, une terre ronde. J'entreprends de feuilleter, en sa compagnie un livre d'images[1]. Je découvre les grandes cités avec des pistes gigantesques, des huttes à perte de vue plus hautes que les grands arbres de ma forêt, une fourmilière de Kuben, courant dans tous les sens, une abondance de signes et d'objets dont je ne sais rien. Kritako m'apprend que, dans ce monde-là, un morceau de papier peut avoir plus de valeur qu'une pirogue. Je ne comprends pas. Il m'explique que les Kuben accumulent des biens, des richesses, dont je n'ai pas la moindre notion. Il y a des riches et des pauvres. Nous, les Indiens, vivons dans le plus

1. L'Atlas du monde en couleur.

extrême dépouillement, mais nous sommes tous égaux. Je suis stupéfait, je n'en crois pas mes yeux mais je pose peu de questions et fais peu de commentaires. Au détour d'une page, je reconnais des semblables, d'autres hommes de la forêt : « Ce sont des habitants de Nouvelle-Guinée », me dit Kritako qui me montre sur la carte un territoire qui se trouve à l'autre bout du monde. J'ai tout de suite envie de savoir comment ils vivent, quelles sont leurs coutumes, leurs cérémonies, à quoi ressemblent leurs chants et leurs danses. J'apprends que notre croyance est commune : l'homme n'est qu'un arbre transformé par l'Être suprême. Comme Impre-re chez nous. Toutes ces nouvelles à la fois me font comprendre que j'ai tout à apprendre sur ce monde si éloigné du mien. Il me faudra du temps…

Mais déjà la forêt est à nouveau en danger. Des entreprises forestières, minières et agricoles ont décidé de raser notre terre avec d'énormes engins[1]. Ils envahissent notre territoire. Kritako me propose d'aller sur le chantier d'une route qui va traverser notre forêt. Il s'agit là de notre première action commune ; il y en aura bien d'autres. Ensemble, en pirogue, accompagnés par quelques guerriers, nous descendons le rio Xingu jusqu'à la lisière de la forêt qui ne cesse de reculer. Là, soudain, à l'approche du chantier, je vois,

1. Des bulldozers.

je comprends. Entre deux de ces monstres, une énorme chaîne est tendue. Les engins se mettent en marche et la chaîne arrache tout sur son passage. Ce sont eux les sauvages, pas nous ! Plusieurs terrains de chasse sont détruits chaque jour, les machines de fer paraissent invincibles. Je suis en colère et menace les bûcherons : « Arrêtez ! Arrêtez ! Vous faites fuir le gibier, vous empoisonnez les rivières et tuez les poissons. C'est notre terre, la terre des Indiens. Arrêtez sinon nous allons vous attaquer ! »

Un jour, alors que les bûcherons se reposent, Kritako et moi, nous approchons de ces engins de mort. Kritako me montre comment, avec une seule flèche bien placée dans le radiateur, on peut mettre les machines hors d'état de nuire. Je crie aux Kuben de partir, sinon il y aura la guerre, je ne pourrais pas l'empêcher. Je les ai avertis.

Lorsque nous sommes rentrés à Kretire, de nombreux chefs des villages voisins : Krumare, Kremuro, Bepgogoti, d'autres encore, descendent du bas Xingu. Tous sont révoltés : « Nos terres sont assaillies par d'énormes machines, écrasant tout sur leur passage, et les animaux fuient ! Qu'allons-nous faire face à cette invasion ? Comment arrêter les ravages ? Faut-il se battre ? » Minh, mon ami d'enfance, est aussi notre chef de guerre. Il se lève et frappe le sol à violents coups de massue : « Oui, il faut tous les tuer ! Et aussi celui qui est ici dans notre village avec sa *kaméra*, ce Kritako. Il est blanc lui aussi, il faut le tuer, faire un exemple et montrer à tous que nous avons toujours le courage de nos ancêtres. » Je me lève, m'y oppose, affronte Minh. Je me tourne vers tous les autres chefs et m'adresse à eux fermement : « Avec sa *kaméra*, Kritako peut nous aider à tracer les frontières de notre territoire. » Je sais que je lui sauve la vie ce jour-là.

Chapitre 12

Chasse à l'homme

Face aux hommes blancs, je suis impuissant sans le secours d'autres hommes blancs. Je comprends que le salut peut venir du même côté que la malédiction. Je décide d'accompagner Kritako en direction du haut Xingu pour y rencontrer le général Ismart[1]. La Funai a été créée par le gouvernement du Brésil. Elle a pour mission de nous protéger mais, en fait, j'ai déjà compris que son objectif est de faire de nous des Brésiliens comme les autres, de nous faire perdre notre identité d'Indiens et de prendre nos terres ! Pour la première fois, j'endosse vraiment mes responsabilités de chef, de cacique et du meneur d'hommes que je dois être désormais face aux grands chefs brésiliens. Les chefs des seize tribus du Xingu sont réunis au poste Villas-Bôas pour la venue du général. Les Villas-Bôas, eux, ne sont plus là, ils ont pris leur retraite à São Paulo.

1. Le président de la Funai en 1976.

Lorsque vient mon tour de m'adresser au général, je me lève et parle avec force. Je suis nu, couvert de la teinture noire du jenipapo ; mon botoque est rouge sang et je porte ma grande parure en plumes d'ara et de mutum qui descend jusqu'à terre. Je sais impressionner. Je fais de mon mieux pour montrer la fermeté et le courage des Indiens. Je pointe mon doigt vers le général et lui crie ma colère. J'exige le tracé des frontières, la démarcation d'un territoire inviolable pour nous, les peuples indiens du rio Xingu, sinon la guerre sera inévitable ! Mais je n'obtiens de sa part que de vagues promesses. Ce ne sont que des mots.

Je prends conscience que les affaires amazoniennes ne se règlent pas ici, dans la jungle, mais à Brasília, où les employés de la Funai gèrent, de loin, le destin des Indiens. Puisque c'est là que tout se passe, c'est là que j'irai. Je veux aussi me rendre à São Paulo pour retrouver Cláudio Villas-Bôas. Je suis sûr qu'il nous soutiendra. Je persuade Kritako de m'y emmener. Je crois qu'il veut filmer mon travail pour le montrer à tous, aux Indiens et aux Blancs. Dans quelques jours, moi Raoni, chef kayapo, je vais découvrir un monde dont j'ai entendu parler mais que je ne connais pas. La première fois que j'ai vu un homme blanc, il montait un cheval et j'ai cru que les Blancs avaient deux têtes et quatre jambes. J'aime le répéter. Le souvenir de leur apparition est resté en moi. La première fois que j'ai vu un avion, j'ai cru reconnaître une variété d'aigle, étincelante et aux cris stridents. Aujourd'hui, c'est moi qui suis l'aigle dans l'avion qui nous emmène à Brasília. Je vois mon pays du ciel : je prends conscience des dimensions de mon territoire et aussi de l'avancée des colons qui détruisent tout sur leur passage, ne laissant derrière eux qu'un paysage dévasté, rouge comme le sang de la terre.

Je dois passer par Brasília car il me faut une autorisation de la Funai pour voyager dans le Brésil. Il est permis d'envahir et de ravager notre forêt mais nous les Indiens n'avons pas le droit de nous rendre où nous voulons, comme tous les Brésiliens. Nous sommes Brésiliens, nous aussi, nous sommes même les premiers Brésiliens ! Aux yeux de la loi, pourtant, je suis considéré comme mineur. Comme si l'État était mon père ! Non ! Je suis conscient de tout cela et je dois jouer le jeu. Pour le moment... Dans les rues de la capitale, je regarde sans fin les tours immenses qui se dressent vers le ciel et la foule qui m'entoure. Les têtes se tournent vers moi et les yeux s'agrandissent à mon passage. Ces gens n'ont sans doute jamais vu un vrai Indien. Ils regardent surtout mon labret et se demandent comment je peux manger avec ce plateau dans la bouche alors que nous entrons dans la gueule de ce que Kritako et moi appelons « le grand jacaré ».

À la Funai, c'est l'heure du déjeuner, les secrétaires et une fourmilière d'employés quittent le bâtiment où se tient le bureau des affaires indiennes. Tout ce monde nous croise en sortant, nous regardant avec curiosité, moi, le guerrier, et Kritako, le Blanc maigrichon aux cheveux longs. Nous prenons l'ascenseur, qui est comme une cage pour moi et me fait peur. Nous arrivons au dernier étage, celui du président. Le policier de garde nous barre l'entrée. Deux responsables de l'administration des affaires indiennes arrivent en courant et me traitent comme un enfant perdu qu'il conviendrait de ramener à ses parents. Je m'énerve et demande une autorisation pour aller à São Paulo afin d'y rencontrer Cláudio Villas-Bôas.

« Cláudio s'est retiré là-bas, il ne vient plus du tout en forêt, et je veux absolument le voir.

— Oui, oui... Très bien, attendez... On va se renseigner », répond un employé qui nous fait asseoir dans un bureau.

Nous attendons, impatients, car je sens déjà que ma demande n'aboutira pas. En effet, deux autres employés reviennent et me prennent à part pour tenter de me convaincre : « Raoni, tu n'es pas raisonnable de venir en ville comme ça. Tu vas attraper la grippe, toutes sortes de maladies, et les rapporter dans ton village. » On m'offre un tee-shirt tout neuf. Un autre me dit : « Tu veux aller au cinéma ? On va t'emmener voir un film et manger une crème glacée. Après, on te reconduira chez toi, d'accord ? » Je comprends alors que ces gens, censés nous protéger, connaissent bien mal les

Indiens, et en plus, ils me prennent pour un imbécile ! Je suis Raoni, chef kayapo, je déteste qu'on me traite comme un gosse. Les quelques phrases que je viens d'entendre m'ont humilié, mon plateau tremble de plus en plus vite, signe que ma colère va exploser. Je serre ma massue, prêt à me battre.

Pendant un moment, nos deux gardiens se sont absentés et je suis seul avec Kritako. Nous nous regardons, il voit la lueur jaune dans mes yeux, et comprend le danger. Nos yeux se sont parlé, tout est dit. Sans un mot, nous sortons discrètement du bureau et nous mettons à courir dans les couloirs déserts à cette heure du déjeuner ; même le policier de garde à l'étage est parti. « Par là ! » me chuchote Kritako. Il ouvre une porte à côté des cages[1]. Elle donne sur un escalier en fer qui descend à l'arrière du bâtiment. Nous sortons. Je m'arrête à la première marche. J'aperçois, entre mes pieds, le sol tout en bas, les gens dans la rue, tout petits. Je n'ai jamais rien vu d'aussi haut, de plus haut que tous les arbres sur lesquels j'ai grimpé dans ma forêt. Je ne bouge plus, je suis paralysé. Mon estomac se tord. J'ai peur. Kritako descend devant moi, il se retourne et, voyant ma panique, il remonte me chercher. Il me prend par le bras, me rassure et nous descendons de plus en plus vite, mon instinct reprend le

1. Les ascenseurs.

dessus. Mais avant d'avoir dévalé tous les escaliers, j'entends hurler au-dessus de nous : des cris, des jurons, des ordres. Nous dégringolons les dernières marches comme des fous. Là-haut, la poursuite s'organise. Tout d'un coup, notre visite à la Funai tourne au drame. Nous sommes les premiers dans la rue.

Kritako a donné rendez-vous à deux amis qui attendent dans une maison en dehors de la ville. Sans poser de questions, je cours avec lui. Nous traversons la gigantesque place au centre de la capitale. « Dépêche-toi, Raoni ! » Je m'arrête au moment où nous allons plonger dans les rues sous terre qui mènent à la gare des autobus. Ces trous [1] sont faiblement éclairés, comme dans le monde des esprits. Nous arrivons au cœur de la gare. Les autobus vont et viennent dans tous les sens. Dans l'espoir d'échapper à nos poursuivants, nous nous glissons entre les monstres d'acier aux immenses roues. Je pense que nous ne sortirons plus de cet horrible endroit. Les vapeurs d'essence, les crachats de fumée des moteurs me nouent l'estomac. Je vomis dans un coin. Kritako me soutient comme il peut. Enfin, une dernière pente nous ramène sous les rayons du soleil. C'est encore le début de l'après-midi. Notre fuite ne fait que commencer. Nous marchons pendant des heures, n'osant prendre le moindre transport, guettant

1. Les tunnels.

l'apparition des forces de police et tentant de passer inaperçus, mission difficile pour moi, un grand Indien à plumes et portant un large plateau dans la bouche !

Raoni éclate de rire avant de poursuivre.

Quand nous arrivons en vue de la maison, la nuit tombe… Peut-être que la police nous guette. Elle a renoncé à nous donner la chasse dans Brasília puisqu'il est si simple de nous cueillir à l'arrivée. Nous restons cachés derrière des buissons et scrutons un long moment les alentours avant d'oser nous aventurer. Nous glissons comme des ombres et parvenons à une fenêtre sur l'arrière de la maison où nous sommes attendus. Quelques coups frappés au carreau… Les compagnons de Kritako nous attendent dans la chambre. Ils sont inquiets d'être sans nouvelles. Kritako leur parle à voix basse : « Ramassez toutes vos affaires, sortez la voiture[1]. Je vous attends au coin de la rue avec Raoni. Passez nous récupérer, on file à São Paulo. » Nous roulons toute la nuit puis une partie du lendemain, nous y arrivons sains et saufs.

1. Un minibus.

Chapitre 13

São Paulo

Arrivé à São Paulo, je me promène à l'ombre des immenses tours de pierres. Kritako m'apprend le mot « béton »... Je suis un simple visiteur dans ce monde tellement différent du mien. Je vois, je sens, je touche mais je reste moi-même. Vu de chez moi, la forêt, vu de chez eux, la ville, le monde des Kuben ne me concerne pas. Si je veux le découvrir, apprendre à le connaître, c'est par obligation, parce que ce monde-là est arrivé chez moi. Je n'ai rien demandé à personne. Je comprends déjà que, pour défendre mon univers, je dois faire le nécessaire afin de bien connaître ceux qui veulent le détruire. Alors, dans les avenues de São Paulo, je m'informe. Je remarque qu'à chaque coin de rue des hommes armés sont placés là pour maintenir l'ordre. Cela ne constitue pas un bon présage. S'il y a tant de policiers, c'est qu'ils ne doivent pas avoir de bons chefs. J'ai mal à la tête, le bruit de la ville m'assourdit. J'étouffe dans les gaz des voitures qui m'empêchent de respirer.

Cláudio Villas-Bôas vit dans un petit appartement. Cela me fait bizarre de le voir, assez vieilli, usé avant l'âge, lui qui, pendant si longtemps, a vécu parmi nous, en liberté, dans l'immense forêt d'Amazonie. Il est comme replié entre les murs étroits de son logement à São Paulo. Cláudio nous accueille sans broncher et prend la situation en main. L'escapade l'intéresse, l'amuse, l'excite, je ne sais trop. Et, puisqu'il ne peut plus vivre auprès des Indiens, il semble heureux de me voir venir à lui pour lui demander conseil. C'est lui, le premier Blanc qui m'a contacté. Je ne l'oublierai jamais. Il est plus qu'un ami, il est comme un père pour nous les Indiens, car il a su nous protéger. Il demande à Kritako de continuer son travail. C'est tout naturel. Cláudio téléphone à Brasília pour calmer les esprits. Il dit que je me trouve chez lui, que je suis son invité, que tout va bien. Le nom des Villas-Bôas continue d'avoir du poids à la Funai. La situation semble s'arranger.

Nous avons devant nous quelques heures ou quelques jours pour terminer le travail de Kritako qui veut me filmer lorsque je vais découvrir la grande ville. D'autres Indiens sont venus avant moi, attirés par le rêve d'une vie facile, comme si les cadeaux et l'argent tombaient du ciel. À leur intention, les frères Villas-Bôas avaient mis au point une stratégie. Ils envoyaient travailler à l'usine Volkswagen de São Paulo les Indiens qui voulaient vivre en ville. Ainsi, ils voyaient de plus près la réalité de ce qui les attendait loin de la forêt. La plupart se décourageaient vite et demandaient à retourner au village, à retrouver leur Xingu. « Les Kuben sont fous, disaient-ils. Ils travaillent toute l'année pour pouvoir vivre trois semaines comme nous vivons tous les jours, à pêcher et chasser, à jouer avec les enfants dans la rivière, à se reposer avec nos femmes dans un hamac aux heures chaudes, à faire la fête, danser et chanter. Les Blancs ne savent pas vivre ! »

Raoni rit de plus belle !

J'ouvre de grands yeux au musée de São Paulo. Certaines peintures me rappellent celles de chez nous. Je vois d'étranges animaux au jardin zoologique, j'aime beaucoup les girafes qui me regardent d'un œil fatigué. Je suis triste en m'arrêtant devant une panthère prisonnière de sa cage. Nous, les Indiens, respectons mieux les animaux, même si nous devons les tuer, car le plus souvent, c'est pour nous défendre. L'air de la ville m'étouffe de plus en plus. J'ai du mal à reprendre mon souffle. Je ressens d'horribles maux de tête. Kritako m'emmène alors voir la mer pour la première fois. À Santos, au bord de la grande lagune salée, dont m'ont tant parlé mon père et mon grand-père, je respire enfin de l'air pur, un air marin plus salé que celui de la forêt. Je m'attarde dans un bidonville, où croupissent des Indiens guaranis, noyés d'alcool et rongés de fièvre. Je les réconforte ; leur misère me donne la force et la volonté de préserver mon peuple. Kritako me montre un livre avec des photos d'autres Indiens ; des cousins du nord de l'Amérique, qui vivent très loin de nous, à des milliers de kilomètres. Ils sont nos frères : je voudrais les connaître. Eux aussi se battent pour protéger leurs terres. Ils mènent le même combat. Nous sommes séparés depuis longtemps mais nous appartenons au même peuple. Mon grand-père me disait que nos ancêtres habitaient dans un endroit où le soleil ne se couchait jamais. J'ai déjà le mal de mon pays, la forêt vierge.

Lors d'un autre voyage, à São Paulo, j'assisterai à la projection du film de Kritako *Raoni* dont je suis le principal personnage. J'arrive, cette fois, à la tête d'une délégation avec ma femme, mes enfants et quelques autres membres de la tribu. La séance se déroule dans un joyeux chahut. En se voyant beaucoup plus grands sur l'écran, les Indiens ne tiennent plus en place. Ils poussent des cris de stupeur ! Fasciné par ma propre image et le son de ma voix, une sorte de magie, je prends conscience de mon nouveau pouvoir. Je me dresse dans la salle et pousse à mon tour des cris de joie et lance : « Regardez-nous, nous sommes grands et forts, nous devons continuer à nous battre pour défendre nos droits, défendre nos terres ! »

Mon film est présenté dans le très important Festival de Gramado[1] et rafle tous les prix ! Il montre aux Brésiliens une image de leur pays qu'ils ignorent encore. Ils découvrent notre vie quotidienne, eux qui nous comparaient à des animaux paresseux, à des singes. Ils voient que nous sommes de vraies personnes. Ils commencent à comprendre les drames que subissent les peuples indigènes. Je me vois en première page du *Jornal do Brasil* et du journal *Globo*, dont j'ignorais tout jusqu'alors. Kritako m'en explique l'importance. Je découvre le monde des journalistes dont le travail est de raconter la vie. Avec moi, ils trouvent l'occasion de parler des problèmes des Indiens, ces Brésiliens, comme eux, mais abandonnés et maltraités. En l'espace de quelques jours, je deviens très connu à travers le Brésil.

Kritako m'ouvre un compte à la *Banco do Brasil*, à mon nom et à celui de mon neveu Mégaron. C'est notre premier compte en banque. Je trempe mon pouce dans l'encre pour laisser une empreinte au bas du document. J'ai compris que, dans le monde des Kuben, il est important de faire ce premier pas vers l'émancipation (un mot que m'a appris Kritako et que je traduis par liberté). Ce geste conduit aussi à reconnaître

1. En 1978.

les droits, dont sont privés les Indiens. Grâce à Kritako, j'apprends aussi que les Kayapos recevront directement de l'argent de la part de la société Embrafilme qui s'occupe du film.

Enfin, me voici à Rio. Je reste muet devant le paysage et la mer à l'infini. Sur la promenade de Copacabana, qui longe la plage au sable doré, les gens s'approchent de moi, me présentent leurs enfants. Ils n'ont jamais vu d'Indiens. Il faut voir leur tête. J'en ris encore. Kritako prend des photos. De la fenêtre de ma chambre d'hôtel, j'aperçois un incroyable cortège, le soir où mon film est présenté pour la première fois. Dans la rue, une petite foule défile derrière une banderole où l'on peut lire : « Les Indiens sont les jardiniers de l'Amazonie. »

Chapitre 14

Première grande victoire

L'année suivante Kritako revient au village avec une corde. Il l'attache entre deux arbres et marche dessus, ce que nous ne savons pas faire. Les jeunes s'y essaient et c'est une sacrée rigolade de les voir tomber de la corde raide. Seule une petite fille y parvient. Incroyable : c'est justement celle qui est née avec une bosse sur le dos et des jambes déformées... Avant, nous étions des nomades sans cesse en mouvement et en conflit avec d'autres tribus. Nous ne pouvions garder en vie et nous encombrer d'enfants malformés qui ralentissaient notre marche et mettaient en danger la survie du groupe. Avant d'accoucher, nos femmes partaient seules en forêt et creusaient un trou dans le sol. Si l'enfant naissait avec des déformations graves, elles l'enterraient sans attendre qu'il pousse son premier cri. Aujourd'hui, notre monde a changé. Nous vivons dans des villages bien établis. Nous ne courons plus sans cesse d'un bout à l'autre de la forêt.

Lors de cette visite, Kritako me raconte que le film a été présenté à un grand festival en France. Il me décrit ce pays, grâce à l'atlas qu'il a toujours avec lui et pointe le doigt sur le nom d'une ville : Cannes. J'étais invité à m'y rendre avec lui, mais, à l'époque, les Indiens ne pouvaient pas encore obtenir de documents pour sortir du Brésil. Depuis la sortie du film, ma voix, désormais, porte plus loin. Surtout là où c'est le plus important, au Brésil, mon propre pays. Kritako est heureux de m'annoncer que ma parole est entendue et que le monde entier commence à se préoccuper de l'Amazonie. Il ne reste pas très longtemps parmi nous, j'ai toujours du mal à le voir partir, car il est toujours celui qui apporte de bonnes nouvelles.

Après son départ, j'ai l'idée de prendre la *balsa*[1] que les Blancs ont amené à Piaraçú, une nouvelle colonie établie au bord du rio Xingu. Ce bateau permet aux camions de traverser le rio. Ils arrivent par la nouvelle route. Je rassemble des Indiens de toutes les tribus de la région. Il y a des guerriers suyas, jurunas, kajabis, txikaos et kayapos, bien sûr. Tous sont d'accord pour réagir. Nous couvrons nos corps avec des peintures de guerre et prenons par la force, mais sans tuer personne, le bateau qui appartient à Armando, un colon installé depuis plusieurs années dans la région.

1. Le bac.

Armando s'y oppose et résiste :

« Vous n'avez pas le droit, c'est mon bateau !

— Armando, c'est toi qui n'as pas le droit de faire traverser le Xingu aux camions, car le rio nous appartient ! »

Nous emmenons la balsa jusqu'à Kretire.

Après en avoir parlé avec tous les chefs, je décide que nous allons, nous-mêmes, gérer les passages et faire payer les Blancs pour traverser le fleuve. Alertée, la police fédérale dit à Armando : « Il vaut mieux que vous partiez sinon les Indiens vont tous vous tuer, même nous, les policiers, allons partir. » Les policiers retournent à Cuiaba. J'apprends que cette grande ville est la capitale d'un État, qui s'appelle Mato Grosso. Et que notre territoire appartient à cet État ! Les colons de Piaraçu ont compris que nous ne nous laisserons pas faire. Contre leur gré, ils décampent en toute hâte avec Armando pour fonder une nouvelle ville à quelques kilomètres de nos terres. Ils l'appelleront : São José do Xingu. J'avertis Armando : « Ne reviens jamais. » C'est ma première grande victoire !

Les Blancs sont fous de rage contre nous. Nous pensons qu'ils vont venir reprendre Piaraçu et nous tuer. Nous sommes sur nos gardes. Le lendemain, certains d'entre nous vont chasser, d'autres surveillent les alentours. Soudain, trois Blancs et un Indien, Payakan, arrivent en voiture. Nous nous précipitons sur eux pour les attaquer. Je crie :

« Ne les tuez pas. » Je me mets devant eux, comme un bouclier : « Prenez juste toutes leurs affaires. » Si je n'avais pas été là, mes hommes les auraient tués. Je connais ces gens que nous avons capturés, certains travaillent à la Funai. Nous les ligotons tous, sauf l'Indien. Nous ramenons les prisonniers au village. Quelques jours plus tard, quatre Indiens d'autres tribus lointaines arrivent de Brasília pour nous demander de libérer les Blancs de la Funai. Après de longues palabres, nous donnons notre accord pour calmer les esprits. Je les libère, nous gardons la balsa, ils s'enfuient en barque. Plus tard, Mégaron, mon neveu, me montre une carte sur laquelle notre terre a diminué de quarante kilomètres du côté de Piaraçu. Je suis furieux car je veux garder ces quarante kilomètres, bien qu'à cette époque je ne sache pas ce que cela représente. Je ne veux absolument rien perdre de notre terre ! Une fois de plus, j'ai la confirmation que si nous ne nous battons pas pour défendre la forêt, elle sera détruite, à jamais, pour faire place aux *fazendas*, de grandes fermes d'élevage. São José do Xingu n'arrête pas de s'agrandir. On l'appelle « Bang-Bang », car certains soirs, il y a des duels mortels au pistolet entre les cow-boys des fazendas qui occupent une grande partie de la région. Cela ne me plaît pas du tout. J'exige que la Funai m'emmène en avion à Brasília. La Funai me craint à présent et ne veut pas risquer de nouveaux problèmes avec moi.

Je veux rencontrer le ministre de la Justice, Andreaza, le chef blanc, qui contrôle la Funai. La salle où j'attends le ministre est peuplée de journalistes. Lorsqu'il arrive, Andreaza me serre la main et m'invite à m'asseoir avec lui dans cette salle d'attente. Il me demande de parler. Je lui dis : « Votre peuple est idiot, il veut détruire la forêt, prendre notre terre. Vous devez bien m'écouter, nous avons tous des oreilles pour écouter. » Alors, je tire l'oreille du ministre de la Justice !

En me racontant cette histoire, Raoni ne peut s'empêcher de rigoler. Il revit la scène.

« Écoutez-moi bien ! Souvenez-vous de mes paroles ! Je ne veux pas que votre peuple prenne notre terre, notre forêt, je ne vous laisserai pas faire. Je veux des frontières à notre territoire pour mes enfants et mes petits-enfants. Vous en avez déjà pris tant de nos terres. Assez ! Assez ! » Les journalistes prennent des photos et filment pour la télévision.

Le ministre répond :

« Raoni, comme tu es très préoccupé par tout cela, je ne vais laisser entrer personne sur vos terres.

— Très bien, nous verrons si vous respectez votre parole. »

Peu de temps après, la Funai annonce que les quarante kilomètres de chaque côté du Xingu sont rendus aux Indiens kayapos. Le ministre Andreaza signe le décret officiel. C'est ma seconde grande victoire.

Je rentre au village. J'y reste pendant quatre mois, jusqu'au jour où Claudio Romero, mon seul ami à la Funai, me demande si je peux aider les Pinajes, une autre tribu, à délimiter leurs terres. En effet, après la sortie du film *Raoni* qui a été diffusé dans tout le Brésil et dans le monde entier, je suis devenu très connu. Beaucoup d'Indiens cherchent mon soutien pour les aider, car leurs terres sont envahies. Je suis d'accord pour les aider et me rends aussitôt chez les Pinajes. En arrivant, une femme me demande :

« Penses-tu pouvoir faire délimiter notre terre ? Sinon tu dois nous emmener vivre près de chez toi au Xingu.

— Je vais y arriver, vous allez voir. »

Les tribus xavantes, kraho et kreen-a-kaore sont venues également pour soutenir les Pinajes. Tous les Indiens attendent que je prenne la parole. Il y a aussi de nombreux *fazenderos*. Je parle très fort, je dis aux fermiers de partir. Je lis de la haine dans leurs yeux. Je les fixe durement, mon plateau tremble de colère. Ils finissent par s'en aller. Alors, je peux parler à mes frères.

Cette nuit-là, je rêve que deux amis journalistes sont arrêtés et emmenés dans la prison de la ville voisine de Tocantins. Je raconte mon rêve à Claudio Romero. Il me confirme que mon rêve est une réalité. Je me fâche : « Nous allons les libérer ! » Sans plus tarder, nous allons à Tocantins, avec le chef des Jurunas et celui des Kreen-a-kaore, un cousin. Sur la route, nous croisons deux voitures de police qui viennent dans l'autre sens. En nous voyant, les chauffeurs font demi-tour. Bientôt, six policiers, en armes, nous encerclent. Je dis à mes compagnons : « Restez dans la voiture, je vais parler à la police. »

Je m'adresse à leur chef :

« Je ne suis pas venu, ici, pour créer des problèmes, mais pour aider mes parents pinajes.

— Je comprends, dit le policier, mais il vaut mieux que vous rentriez dans votre village et nous, nous retournerons chez nous.

— Non, je veux parler à votre commandant en ville. »

Un convoi de quatre camions pleins de fazenderos armés vient dans notre direction, se dirigeant vers le village des Pinajes. J'arrête notre voiture et sors pour arrêter le convoi, les bras ouverts au milieu de la route. Les camions s'arrêtent. Des hommes s'approchent de moi, me menaçant de leurs armes. Je leur dis : « Je ne viens pas pour me battre avec vous, je suis ici pour aider mes parents à délimiter leurs terres. » La police est toujours là. Elle s'interpose : « Vous ne pouvez pas menacer un grand chef comme Raoni. » Enfin, nous reprenons la route de Tocantins pour aller à la rencontre du commandant. Beaucoup de monde accourt.

Les regards sont pleins d'hostilité. Les policiers les maintiennent à distance. Celui qui est venu avec moi m'ordonne : « Attendez ici, je vais chercher mon chef. » Il revient un peu plus tard. Mais seul !

« Mon chef a pris peur, je ne sais pas où il est, mais j'ai libéré vos amis journalistes. »

Les policiers nous raccompagnent chez les Pinajes. Deux mois plus tard, les Pinajes reçoivent le décret officiel de leur démarcation. Les victoires se succèdent. À présent, tous les Indiens veulent mon soutien. Je peux ainsi rendre des services utiles à mes frères.

Chapitre 15

La découverte du monde qui m'entoure

Grâce à Kritako, je connais désormais l'importance des dates qui me permettent de situer les événements. Un jour, en 1985, il revient avec un grand journaliste français[1]. Il mesure une tête de plus que moi ! Ils ont loué un avion. Ensemble, nous effectuons un grand tour dans toute ma région. Cela m'évite des mois de voyage et me permet de rencontrer les tribus kayapos les plus éloignées. Il s'agit d'une bonne occasion pour me faire une idée de la réalité des menaces et des dégâts. Depuis l'avion, je vois des routes de terre rouge qui s'enfoncent comme des vers géants dans notre forêt. Kritako m'explique qu'il s'agit des routes transamazoniennes. Nous visitons de nombreux villages au fond du Mato Grosso et dans l'État de Pará, où je n'avais encore jamais eu la possibilité de me rendre. Dans certaines

1. Jean-François Bizot, rédacteur en chef de la revue *Actuel* et de Radio Nova.

communautés indiennes, quelques lampes de poche aux batteries épuisées, des vêtements abandonnés, des bouteilles vides montrent le passage des chercheurs d'or, les *garimpeiros*. Cela donne aux villages un air de misère qui n'existait pas jusqu'alors. Ces présents ont été donnés en échange d'une autorisation d'exploitation, bien sûr illégale. Source de pollution mais aussi de nouveaux besoins impossibles à satisfaire, les jalousies et les rivalités émergent dans nos communautés. Partout, je sermonne mes frères Indiens : « Ne laissez pas les Blancs envahir nos terres. Ils empoisonnent nos rivières, détruisent notre forêt, font fuir notre gibier, nous apportent leurs maladies. Dans mon village, j'ai obtenu qu'on respecte mes droits. Je me suis battu et maintenant plus personne n'entre sur nos terres. »

Mais nos voyages ne plaisent pas à tout le monde. L'armée tente d'y mettre un terme. Des rumeurs annoncent même l'arrestation de Kritako et de Jean-François. Alors, je prends ma radio et je dis aux militaires que, s'ils veulent les arrêter, il faudra tous nous arrêter ! Victoire ! Après des heures d'angoisse, la Funai nous autorise à poursuivre notre voyage et à faire le tour de la nation kayapo. C'est un territoire immense[1], quatre fois la taille du pays de Kritako (la Belgique). C'est lui qui me l'a dit. Il semble que les gens de Brasília

1. Cent vingt mille kilomètres carrés.

ont besoin de moi comme interlocuteur dans les affaires indiennes. J'ai déjà quelques amis sûrs à Brasília. Ils me soutiennent. J'ai même rencontré Tancredo Neves, un ancien président du Brésil. Cet homme était très bon, j'ai beaucoup aimé ce qu'il m'a dit : « Raoni, je te considère comme le maître de ta forêt, le descendant des premiers Brésiliens. Les gens ne le savent pas assez. Je vais vous aider, toi et ton peuple, pour que le feu indien ne s'éteigne pas et que la grande forêt survive. »

Faire le tour de la nation kayapo est très important pour me faire connaître des autres chefs qui sont très éloignés les uns des autres. Je veux d'abord comprendre leurs problèmes, puis leur parler d'union et de paix entre les tribus. Nous sommes un peuple, le peuple kayapo ! Certains chefs résistent à ces sages paroles. Ils se sont laissé acheter par les colons qui leur font beaucoup de cadeaux pour couper les bois précieux et prendre l'or sur nos terres ! Il y a des problèmes partout ! D'autres tribus se défendent souvent mal.

Nous survolons désormais le rio Liberdade, la région où je suis né. Ici, la forêt est encore vierge, il y a toujours de petits clans isolés, sans contact avec le monde extérieur. Ils ne peuvent pas imaginer le monde des Blancs. Nous préférons les laisser tranquilles aussi longtemps qu'ils ne sont pas menacés. D'en bas, en voyant les avions, ils doivent s'affoler comme moi à l'époque : pourquoi ces grands aigles font-ils tant de bruit ?

Raoni éclate de rire et souffle un long crachat qui rebondit sur le bois de son plateau.

Mon père m'a raconté comment les colons sont venus dans un bateau poussé par le vent, en tirant sur nous avec leurs fusils et même avec des canons ! Nos flèches ne suffisaient pas à les arrêter, alors les Kayapos ont dû se replier dans la forêt pour fuir les envahisseurs et leurs *kubenjujus*[1].

Le jour suivant, l'avion plonge du ciel et atterrit sur une piste de terre courte et dangereuse. Nous nous posons à la mine d'or de Maria Bonita, en plein territoire kayapo. Des centaines de chercheurs d'or me regardent avec surprise, étonnés de voir un Indien à plateau, armé d'une lourde massue descendre d'un avion. Kritako me dit qu'ils sont déjà dix mille ! Il y a aussi beaucoup de policiers qui fouillent tous ceux qui arrivent ou ceux qui partent. Pas question d'amener une femme ou une bouteille d'alcool, cela cause trop de bagarres. Pas question non plus de sortir des pépites d'or en cachette sans en donner une partie au directeur de la mine et au gouverneur de l'État. Comme nous n'avons pas d'autorisation, le chef des policiers nous arrête dès que

1. Maladies.

nous descendons de l'avion. Nous sommes enfermés dans une cellule du poste, prisonniers ! Durant plusieurs heures, grâce à quelques poignées de cruzeiros[1], Jean-François et Kritako négocient. Nous sommes bientôt libérés. Nous visitons la mine d'or. En silence, les garimpeiros nous regardent passer. Munis de leurs engins et de leurs puissants jets d'eau, les chercheurs remuent les cailloux. La forêt saigne, je le sens dans mon cœur. Ils déversent sur la terre plus de poison[2] que d'or. Ils sont comme des morts-vivants, couverts de boue dorée. La plupart ont la malaria. Il y a des Blancs, des Noirs et même des Indiens. Les malades sont étendus dans des hamacs, trempés de sueur. La nuit, durant leur sommeil fiévreux, certains sont victimes des chauves-souris qui viennent leur sucer le sang. Ces créatures du diable savent comment se glisser silencieusement sous les moustiquaires. Elles battent des ailes pour créer une légère brise qui endort profondément les malades. Ensuite, avec leur salive qui endort la peau, elles lèchent l'endroit devenu insensible avant d'y enfoncer leurs crocs et de boire le sang de ces malheureux. Puis elles s'envolent lourdement vers un arbre à proximité et s'endorment la tête en bas. Comme elles s'habituent au sang de leurs victimes, elles

1. Monnaie brésilienne.
2. Mercure.

reviennent chaque nuit en reprendre de la même manière. Les malades s'affaiblissent jour après jour, nuit après nuit, et finissent par mourir dans des conditions horribles. Je ne veux pas que cela se passe chez nous !

Quand les chercheurs d'or commencent à éventrer la terre, on ne peut plus les arrêter. Quelques semaines plus tard, avec les membres de ma tribu, je décide de chasser les garimpeiros qui ont envahi notre territoire. Une nouvelle victoire ! Un jour, à Brasília, ils ont essayé de me faire signer un papier pour autoriser la prospection de l'or sur nos terres, j'ai refusé, bien sûr ! Je ne sais pas lire, donc pas question de signer n'importe quoi… Je sais beaucoup de choses maintenant, mais je refuse d'apprendre à lire et à écrire. Je préfère rester indien et garder en moi notre culture, pure et intacte.

Chapitre 16

Ma nouvelle vie

Je suis devenu un grand chef. Je commence à tenir partout de longs discours. J'aime en particulier m'adresser aux jeunes qui n'ont pas connu notre vie avant l'arrivée des Kuben. Voici ce que je leur dis : « Au Xingu, nous avons la terre et nous sommes restés des Indiens purs. Ailleurs, avec l'arrivée du colon, l'Indien disparaît. Vous ne le connaissez pas assez. Vous pensez que la vie de ces étrangers est facile. On voit des Indiens avec des cheveux coupés court comme eux. Ils oublient la vie de leur père, celle de leur grand-père. À part sa terre, son arc et sa massue, le pauvre Indien n'a rien. Vous, les jeunes, pensez trop aux choses du Kuben. On vous séduit avec le café, les biscuits, l'alcool, mais c'est pour mieux prendre vos terres, et quand vous n'en aurez plus, vous devrez mendier la nourriture des étrangers. Chez eux, il faut toujours de l'argent, payer même l'eau et la nourriture. Ces colons sont différents de nous. Ils souillent l'eau de l'Indien, tuent son gibier, fouillent la terre comme les cochons. Pourquoi le Kuben doit-il tout écrire sur des papiers ? Parce qu'il oublie ses promesses. Au Xingu, n'importe quel Indien peut venir, de n'importe quelle tribu. Il y est chez lui. Tout est calme, ici ; personne ne se bat plus avec son voisin. On peut chasser, marcher, pêcher, apprendre la forêt aux enfants. Ailleurs, il y a encore des Indiens malades qui sortent pour tuer d'autres Indiens et tout le monde pleure. Ils se battent pour une femme, des enfants, de la nourriture. Il ne faut plus se tuer entre nous. Non ! Tous les Indiens sont pareils, nous l'ignorions quand nous vivions isolés dans la jungle, les Indiens doivent penser pareil. C'est très triste de se battre en famille. Il ne faut pas prendre la femme d'un autre ou cogner son enfant. Pour que la famille mange, pour que l'enfant grandisse et que le père meure avec le cheveu blanc, il faut lutter tous ensemble pour la terre et voir les autres tribus comme des frères, des pères, des sœurs. Nous devons nous entraider car, dès que l'Indien faiblit, le colon en profite. »

À ce moment, j'aime entraîner ceux qui m'écoutent vers le monde des Esprits : « Lorsqu'Impre-re, le grand Esprit, a créé les Indiens, ils habitaient ensemble, ils parlaient la même langue. Impre-re est parti quand le Kuben nous a attaqués. Pour qu'Impre-re revienne, il faut d'abord lui trouver une terre assez grande afin de vivre avec l'Indien. Je me battrai jusqu'à ce que la nation kayapo puisse se déplacer sur une seule terre. Avant l'arrivée des colons portugais, nos morts ressuscitaient. Un jour, la Lune est descendue toucher les cadavres des Indiens et leur a dit qu'ils étaient morts pour de bon, à cause des Kuben. » Voilà ce que je raconte aux enfants. En général, ils ont très peur !

Raoni sourit, d'un air complice.

Au village de Kapôt, dans la hutte de l'infirmière, une radio grésille avec des appels provenant d'autres villages : « Un problème grave chez les Indiens awa guajas. Une usine qui se construit sur les terres sacrées. Il faudrait que tu y ailles à la mi-mars. » Un autre appel : « Raoni, ta femme demande que tu rentres au village ! »

Une seule personne me fait peur : ma femme, la mère de mes enfants. Il faut que je rentre chez moi, sinon elle va me massacrer ! Tous ces voyages, cela commence à la fatiguer... Chez les Kayapos, les hommes ont le contrôle des affaires étrangères et militaires, mais les femmes commandent à l'intérieur de la maison. Je suis de retour à Kretire. Les guerriers veulent entendre les dernières nouvelles. Nous nous retrouvons tous au milieu du village, dans la case des hommes. Soudain, on entend des cris. Un fier guerrier, connu pour son courage, s'enfuit vers la forêt ; il est poursuivi par sa femme qui lui tape dessus en criant : « Tu n'as pas ramené de miel depuis une semaine ; tu n'arrêtes pas de t'amuser avec tes amis et il pleut dans la maison. Va chercher du bois et plante des patates ! »

Le fier guerrier rentre la tête dans les épaules. Les autres éclatent de rire et se moquent de lui. Mais le soir, tout se calme. L'heure est venue de célébrer notre vie de Kayapos. Les cérémonies, les fêtes, les danses, les chants sont des valeurs essentielles à notre culture. Je répète alors : « N'oubliez surtout pas les fêtes. Peignez-vous, dansez et chantez ensemble ; c'est là que se trouve votre force. »

Il y a longtemps, j'ai demandé à Kritako d'inviter les Indiens d'Amérique du Nord qu'il m'a montrés dans un de ses livres, afin de les connaître. Je rêve d'unir nos forces entre les peuples indiens, de danser, de chanter avec eux. Le gouvernement brésilien s'y oppose pendant de nombreuses années. Les caciques de Brasília ont peur que nous, Indiens d'Amazonie, ne puissions nous révolter comme l'ont fait, hier, nos frères du Nord. Un jour, Apoena Meireles, un indigéniste engagé, devenu président de la Funai, donne enfin son accord pour que la délégation indienne d'Amérique du Nord, puisse venir me rencontrer à Kretıre. Mais à une condition : un seul Lıdien et personne d'autre ! Je reçois bientôt le message de Kritako. Il me dit que Corbeau rouge, un de ses amis, a décidé de quitter sa réserve[1] et qu'il vient au Brésil avec lui. Corbeau rouge est plutôt considéré comme un chanteur et un chaman inoffensif par les services secrets brésiliens... Un visa lui est accordé. J'apprends par la radio de mon village que Corbeau rouge est reçu à Brasília par le ministre de l'Intérieur. L'Indien du Nord lui remet une plume d'aigle et lui demande de protéger nos terres et nos cultures. Je suis fou de joie et je l'attends avec impatience.

Sept jours plus tard, j'accueille mon frère indien dans mon village du Mato Grosso. Nous sommes comme deux membres d'une même famille. Comme si nous reprenions contact au terme d'une trop longue absence. Nous rattrapons le temps perdu. Je me souviens de son arrivée. Corbeau rouge m'explique qu'il est un chef sioux. Je l'invite dans la maison des hommes. Kritako traduit et prend des photos. C'est historique ! Corbeau rouge me raconte alors le génocide des nations indiennes, les guerres perdues contre les généraux blancs, les traités signés, non respectés. Moi, je lui parle du passé de mon peuple où se mêlent faits et légendes. Sur la place du village,

1. Au Dakota, États-Unis.

au coucher du soleil, tous les habitants sont assemblés. Ils forment un grand cercle. Corbeau rouge les bénit avec le calumet sacré de son peuple qu'il a amené avec lui.

Corbeau rouge nous montre aussi un rituel des Indiens sioux. Sous ses ordres, mes guerriers partent couper du bois dans la forêt, puis montent une petite hutte de branchage, tandis que des pierres sont mises à chauffer sur un grand feu. Nous n'avons pas de peaux de bison, comme chez les Sioux. Nous utilisons alors des feuilles de bananiers pour couvrir la hutte. Mon frère américain, venu du nord lointain, m'initie ensuite à la cérémonie. Kritako en traduit les paroles. Les pierres brûlantes sont déposées dans la hutte et aspergées d'eau. On se serre autour du foyer pour recevoir l'haleine brûlante de la Terre. La chaleur des pierres rougies est insupportable. Dans la brume de vapeur, Corbeau rouge prononce des paroles sacrées, des vœux, pour purifier l'âme et invoquer les esprits de la forêt. Il offre notre souffrance aux oiseaux, aux arbres et à toutes les formes de vie. Nous sommes surpris face à ce rituel inconnu. Certains d'entre nous, restés à l'extérieur, ne peuvent s'empêcher d'éclater de rire à nous voir tenir les grandes feuilles pour empêcher la vapeur brûlante de s'échapper. C'est assez drôle, en effet, mais nous nous prêtons de bon cœur à cette étrange coutume : chez nous, ce n'est pas la chaleur qui manque !

Raoni pouffe de rire en se rappelant cet événement.

Après deux jours seulement passés au village, Corbeau rouge doit nous quitter. Un jour de tristesse. À son départ, il me remet le calumet sacré, symbole de notre union inespérée. J'espère pouvoir aller lui rendre visite dans sa tribu. Un jour peut-être…

Chapitre 17

Sting, le sorcier blanc

Je sais aujourd'hui où se trouve l'Angleterre et qui est Sting, mais, à l'époque où Kritako m'en a parlé[1], je n'en ai aucune idée ! Un jour, Kritako me contacte par la radio. Il m'annonce qu'il va venir chez moi avec une personne importante qui pourrait nous aider : un chanteur ! Kritako veut lui faire connaître le drame des Indiens et lui faire prendre conscience de la déforestation. Je le crois sur parole. Je remonte le rio Xingu en barque, durant plusieurs jours, jusqu'au poste de la Funai, Leonardo Villas-Bôas, où Kritako m'a donné rendez-vous. Je le retrouve avec une vive émotion. Il me présente Sting. Le regard du chanteur semble collé sur le plateau qui orne ma lèvre. Le sourire de sa femme s'est figé. Kritako m'explique que cet homme est très connu et qu'il l'a amené car il pourra peut-être nous aider à protéger nos terres. Je lui dis :

1. En 1987.

« Nous ne voulons pas perdre notre terre. On y a découvert de l'or, mais nous ne voulons pas l'échanger contre l'argent des Kuben. Nous ne voulons pas non plus vendre nos arbres. Nous n'avons pas besoin de cet argent. Nous voulons continuer de vivre à notre manière. Dans d'autres régions, les nôtres ne savent plus vivre de la forêt. Ils ont oublié les chants sacrés. Le résultat est terrible : ils mendient leur nourriture aux hommes blancs. »

Sting est sensible à mes paroles, il s'engage à faire connaître notre cause. Ma rencontre avec lui est gravée dans la caméra de Kritako. Grâce à la vente de ses photos, il crée avec Sting une fondation pour la défense des Indiens. On l'appelle *Mata Virgem*[1]. Je comprends que, pour gagner mon combat, il est nécessaire de répandre mon message, non seulement au Brésil, mais dans le monde entier. Avec Kritako, nous multiplions des plans pour faire avancer notre projet : borner les frontières de notre territoire. Nous pointons nos flèches sur une carte afin de délimiter les terres de tous les clans et villages du peuple kayapo. C'est un territoire immense au long des deux rives du fleuve Xingu. Il doit rester aux Indiens. Ce sera un combat long et difficile... Nous devons le faire reconnaître par le président du Brésil que

1. Forêt vierge.

j'ai déjà rencontré brièvement lors d'un de mes voyages à Brasília. Je ne soupçonne pas alors combien mon image est devenue familière à de nombreux Occidentaux suite aux publications de ma rencontre avec Sting.

Longtemps après cette première visite de Sting, Kritako m'annonce : « Tu te souviens de ce chanteur qui est venu chez toi, l'an dernier, et qui a chanté pour vous ? Eh bien, Sting revient au Brésil et va faire un concert immense à São Paulo. Il propose que tu montes sur la scène avec lui. » Je suis toujours d'accord pour tenter une nouvelle aventure, si elle peut aider la cause. Je pars donc avec Kritako et mon conseiller Kremôrô. Une nouvelle fois, je me mets en route pour São Paulo… sans autorisation de la Funai. Kritako appelle Sting. Le chanteur lui annonce : « Venez à mon hôtel ! Je veux présenter Raoni à d'autres amis. Eux aussi veulent l'aider. » Kritako m'explique que ces amis sont chanteurs – comme Sting – et célèbres dans le monde entier. Il me fait répéter des noms que j'ai du mal à prononcer, surtout celui d'un certain Bruce Springsteen et même de Peter Gabriel. Sting l'a prévenu que l'hôtel est très surveillé. Il faut passer par une entrée discrète.

Nous arrivons à la nuit tombée à bord d'une grosse voiture[1] aux vitres noires et nous entrons

1. Un van.

par le souterrain[1] de l'hôtel Hilton, je me souviens bien de ce nom, facile... Personne ne nous voit. Grâce à une carte spéciale remise à Kritako, nous pouvons monter directement au dernier étage, entièrement réservé aux trois chanteurs. Je suis terrifié par l'ascenseur qui monte à toute vitesse ; mes plumes en tremblent. Moi aussi ! Je suis très ému de retrouver Sting. Il me tombe dans les bras. Il me présente ses deux amis. Les trois chanteurs me soutiennent et je comprends vite qu'ils sont connus partout dans le monde ; ce monde extérieur au Brésil dont j'ignore encore tout... Je trouve très beau que la musique soit le lien entre le monde des Kuben et le monde des Indiens. Tous les Kuben ne sont pas mauvais, la preuve !

De l'appartement de Sting, la vue sur São Paulo est impressionnante. Cette ville est comme une immense forêt, un tapis infini, non pas d'arbres, mais de tours de pierres. Sur une table, Kritako étale les cartes et traduit mes mots en anglais, une langue très différente du portugais. Du kayapo au portugais, puis du portugais à l'anglais, Kritako traduit lentement mes propos pour expliquer à Bruce Springsteen et Peter Gabriel nos inquiétudes et nos espoirs. Nous leur indiquons, carte en main, le tracé de la réserve, dont nous rêvons. Par les grandes fenêtres, nous voyons une violente tempête de pluie s'abattre sur São Paulo. Sting

1. Le garage.

devient triste, il pense que personne ne viendra au concert par ce mauvais temps. Mais je regarde le ciel et le rassure aussitôt : « Non, non. Pas de problème. Ce soir, il ne pleuvra pas. »

Quelques heures plus tard, une grosse voiture nous conduit au stade de São Paulo. Ma prévision s'est réalisée, la pluie a cessé. Sting est très étonné : « Raoni, tu es donc aussi un chaman », me dit-il.

Peter Gabriel est le premier à monter sur scène. Les Paulistes[1] sont venus en masse et l'immense stade est noir de monde. Le bruit est assourdissant, mais le silence se fait quand Sting apparaît à son tour. Il chante quelques morceaux, puis soudain s'interrompt. Il sort un papier de sa poche et commence à lire le texte en portugais rédigé par Kritako : « Ici, au Brésil, on dit qu'il n'y a pas de prisonniers politiques, mais ce n'est pas vrai. Ils existent, ces prisonniers. Ce sont les Indiens. Et, ce soir, pour en témoigner, j'ai invité un ami qui va maintenant me rejoindre sur cette scène. Il s'appelle Raoni. »

Avant le concert, Sting, Kritako et moi nous nous sommes demandé comment la foule allait réagir à ce message. Au moment où il achève de lire les quelques lignes, un murmure monte dans le stade. Vont-ils huer un Indien ? Qu'est-ce que je viens faire ici ? Je ne sais pas ce qui m'attend

1. Habitants de São Paulo.

mais j'ai mis ma grande parure Kroknoti, faite de plumes bleues, blanches et rouges, celle que seuls les grands chefs peuvent porter. Quand je monte sur scène, je suis comme étourdi. Je n'ai jamais vu autant de monde, une telle assemblée. Cinquante mille personnes, m'a dit Kritako, c'est plus que toutes les tribus réunies du Xingu ! Kritako est dissimulé derrière ma longue parure, il me parle à l'oreille et me dit de me diriger vers le centre de la scène, pour y rejoindre Sting. Une immense acclamation explose dans le stade ! Tous ces gens me crient leur joie de me découvrir. Tout d'un coup, j'ai le sentiment que, peut-être, nous pouvons gagner notre combat. Les jeunes Brésiliens sont avec moi ! C'est pour moi un grand moment de bonheur et de soulagement que je n'oublierai jamais.

Six mois plus tard, Kritako et Sting trouvent les fonds pour organiser une tournée mondiale pour la promotion et le développement du projet. Ce sera la première campagne internationale pour la défense de l'Amazonie. Le président brésilien, José Sarney, que Sting et Kritako ont rencontré, ne voit pas d'objection à m'attribuer un passeport. Dans le monde des Kuben où le moindre papier a tant d'importance, accorder un passeport (j'apprends ce mot) à un Indien c'est un événement. Je suis le premier Indien à le recevoir. Ce passeport fait de moi l'ambassadeur du monde indien et de la forêt. Le tour du monde qui s'annonce semble arranger le président : « Nous n'avons pas les moyens de payer la démarcation de vos terres. Le monde entier veut sauver l'Amazonie, alors que le monde entier paie pour le faire ! »

Chapitre 18

Mon tour du monde

Deux jours avant de me lancer pour le grand voyage, je veux rentrer chez moi. Je dois retourner dans le Xingu, faire mes adieux à la famille et laisser aux chefs qui vont me remplacer les consignes nécessaires pour gérer la vie des villages en mon absence. Tous les Indiens kayapos approuvent mon voyage mais, là-bas, une grosse tempête s'est levée, déclenchée par les Esprits, comme s'ils voulaient me retenir en Amazonie. Je dois parlementer longuement avec eux. Je leur explique les raisons de mon départ. Bientôt la tempête s'apaise, les Esprits me laissent rentrer à la maison pour préparer le long périple dans l'inconnu. Je choisis des cadeaux, avec soin, pour les offrir aux gens importants que je vais rencontrer : des arcs, des flèches, des parures de plumes. Je me sens capable de représenter mon peuple, de parler en son nom et de communiquer avec le monde des Blancs.

De longues heures durant, calé dans un avion bien plus grand que le plus grand des « aigles » qui survolent l'Amazonie et m'emmena à Brasília, nous traversons la grande lagune salée dont m'a parlé mon père. J'avais découvert cette mer immense à São Paulo, voilà déjà longtemps. Elle défile, aujourd'hui sans fin. Les pilotes m'ont invité dans leur cabine. J'en ai plein les yeux. C'est par cette « lagune », je le sais, par les anciens, que les Européens poussés par le vent à bord de leurs bateaux sont arrivés chez nous. Ils ont repoussé les Indiens au plus profond des forêts pour construire un pays à leur image : le Brésil. C'est ainsi qu'ils ont détruit un grand nombre de tribus.

L'avion se pose à Paris, une ville dont m'a beaucoup parlé Kritako. C'est la capitale d'un pays, la France, qui, m'a-t-il expliqué, est connu pour défendre les droits de l'homme, de tous les hommes, donc des Indiens. Depuis longtemps, je veux connaître ce pays, je sens que j'y serai bien reçu. Un grand Kuben nous accueille à l'aéroport, Patrick[1]. Il deviendra un vrai *nambikwa*[2]. L'heure est différente par ici. Quand le jour se lève en France, il fait encore nuit chez moi ; je suis un peu déboussolé ! Patrick nous emmène directement dans une maison en forêt, où nous nous reposerons. Étrange forêt : il n'y a pas de feuilles sur les

1. Patrick Mahé, rédacteur en chef de *Paris Match*.
2. Ami.

arbres, sont-ils tous morts ? Patrick m'explique que non ; c'est juste une saison où, le froid venant – il fait souvent froid par ici –, les feuilles deviennent jaunes puis sombres et elles tombent. Il y a quatre saisons dans ce pays. Chez nous, il n'y en a que deux, la saison des pluies et la saison sèche.

Quelques jours plus tard, nous passons la nuit dans un grand hôtel, à Paris, avant de nous rendre à la télévision. Je préfère dormir sur le sol, le lit est trop mou. Je choisis aussi de manger, assis par terre, dans la chambre ; je n'aime pas tous ces regards qui me dévisagent quand je vais au restaurant. Après une assiette de riz et de poisson servis sur un plateau qui brille [1], j'allume ma pipe. Kritako m'a répété qu'il n'est pas convenable de cracher sur les tapis [2] de la chambre, comme nous le faisons dans la nature. Je me dirige donc vers la fenêtre pour cracher un peu de tabac froid. C'est alors qu'une fenêtre s'ouvre de l'autre côté de la cour. Comme dans un rêve, je reconnais Corbeau rouge, mon ami sioux ! Incroyable ! Je n'en reviens pas... Lui, non plus. Nous éclatons de rire ! Le soir, nous sommes conduits dans les studios de la télévision pour participer au journal de 20 heures. Le journaliste [3] qui va me présenter aux téléspectateurs me

1. En argent.
2. La moquette.
3. Patrick Poivre d'Arvor.

confie que des millions de personnes vont m'écouter. C'est la première fois que les Français me voient. Nous devons filer ensuite à une autre émission[1]. Une ambulance nous y emmène à grande vitesse, sa sirène fait un bruit d'enfer. Corbeau rouge est terrifié. Il s'accroche des deux mains au tableau de bord : « Oh my God ! » Moi, je continue de fumer la pipe, tranquillement, assuré de la protection d'Impre-re. L'émission est très regardée. L'animateur lance un appel en faveur des Indiens. Les premiers dons pleuvent pour aider l'Amazonie. Je suis très impressionné quand je dois me lever pour indiquer sur une carte le tracé des territoires dont nous demandons la démarcation. Je serre la main de Kritako pour me rassurer. Corbeau rouge arrive à son tour sur le plateau. C'était la « surprise » de l'émission ! Elle est un peu manquée, pour nous, mais personne ne s'en rend compte. Avec son calumet, il bénit les quatre points cardinaux afin d'attirer la faveur des esprits, avant d'entamer un chant sacré. Envoûtées, toutes les personnes présentes se lèvent pour écouter, dans le silence le plus total, le chant du chaman.

Le lendemain, avant d'aller à la rencontre du secrétaire du chef des Français[2], je coiffe ma plus belle parure, celle que je réserve uniquement pour les grandes occasions. Kritako est surpris. Il

1. « Sacrée Soirée », animée par Jean-Pierre Foucault.
2. François Mitterrand.

ne comprend pas pourquoi je me pare ainsi. Je lui réponds : « C'est parce que je vais rencontrer le chef des Français. » Kritako en doute : « Non, nous allons rendre visite à l'un de ses proches, un chef en second, pour lui en faire la demande. » En route vers la maison du Président, nous traversons une belle rivière. Comme je ne connais encore rien à la France, je demande à Kritako :

« Ce rio sépare-t-il deux tribus différentes ?

— Non, c'est le rio Seine et il appartient à la tribu des Français. »

Lorsque nous arrivons chez le secrétaire en chef, celui-ci nous demande de le suivre. Car nous allons rencontrer le Président, exactement comme je l'avais prévu et prédit à Kritako ! Je ris en voyant le visage étonné de celui-ci. Le Président nous reçoit dans un salon de son palais. Je n'ai jamais vu une case aussi haute et grande, pleine de trésors. Je m'approche du chef des Français, le salue, puis lui caresse le crâne, intrigué : « Où se sont envolés vos cheveux ? » Kritako traduit en français ; le Président éclate de rire. Notre conversation est longue et chaleureuse. Je lui offre la belle parure de plumes que j'attache sur sa tête dégarnie comme celle d'un aigle.

J'ai souvent souhaité découvrir le pays des ancêtres de Kritako, connaître sa tribu et son village. Bientôt, nous arrivons en Belgique, sa terre natale. Avant cela, nous devons nous rendre à Bruxelles, la capitale de ce pays… quatre fois plus petit que le territoire des Kayapos ! Dans la voiture, je fume la pipe. J'ouvre la fenêtre pour cracher, mais la vitesse me surprend… Mon plateau de balsa s'envole sur la route ! C'est affreux : disparu ce précieux botoque, le seul que j'ai apporté… Terrible ! Notre voiture s'arrête brusquement. Tout le monde descend pour aller fouiller les herbes dans le fossé. Enfin, un des chauffeurs le retrouve dans un buisson. Quelle chance ! Sans plateau, ma lèvre pend jusqu'en dessous de mon menton… Je n'aurai pas pu continuer le voyage.

La Belgique m'attend avec impatience. Kritako me traduit les messages qui passent à la radio pour laisser circuler nos quatre voitures dans le trafic de Bruxelles. Bientôt des motards de la police nous ouvrent la route. Grâce à cette escorte, nous arrivons sur place deux minutes avant le début du journal télévisé. Une fois de plus, je raconte mon histoire. Je commence à m'habituer aux caméras et aux lumières des studios qui aveuglent. Je prends conscience que nous allons peut-être réussir notre projet. Après l'émission, nous traversons la Belgique jusqu'à Malmedy, le village de Kritako, qui se trouve au milieu d'une belle forêt. Corbeau rouge, Sting et moi sommes accueillis comme des frères dans la maison de ses parents. Sa mère, Gisèle, est aux petits soins pour moi. Elle a préparé les spécialités de la région : du cerf et du sanglier. Il y a, ici, des baies sauvages[1] que je ne connais pas. C'est rafraîchissant. Son père, Maximilien Dutilleux, dirige la Fondation pour la forêt vierge en Belgique. Il me raconte tous ses espoirs. Déjà, l'émission en France porte ses fruits. Les téléspectateurs qui l'ont vue en Belgique sont sensibles à notre cause et participent à la levée de fonds. Je découvre aussi la peinture dans un atelier de Malmedy. À mon tour, je dessine des coiffures indiennes et un enfant kayapo au pinceau. Ces dessins seront mis en vente pour la Fondation. Le lendemain, je suis reçu dans une école. Je demande aux enfants – venus nombreux – de m'écouter car ma forêt est en danger, on la ravage, on tue les animaux, on condamne mon peuple, on détruit ma terre. Corbeau rouge conclut en rappelant les paroles d'un autre grand chef indien d'Amérique, Sitting Bull : « L'homme ne comprend pas qu'il est à peine un fil de la toile d'araignée de la vie qui va des insectes jusqu'à l'aigle dans le ciel. Lorsqu'il casse un fil, il défait toute la toile. Trop de fils sur la toile d'araignée de la vie ont été brisés. Il faut réapprendre à regarder la vie et la terre comme sacrées. »

Plus tard, Corbeau rouge nous emmène dans la forêt de Kritako, pour nous brûler la peau en

1. Airelles rouges.

versant de l'eau sur des pierres très chaudes. C'est un vieux rite de nos frères d'Amérique du Nord, une cérémonie pour rencontrer les Esprits qu'il avait déjà réalisée quand il m'a rendu visite dans mon village du Xingu.

Chapitre 19

La neige et les grands hommes

En Suisse, je vois des montagnes pour la première fois. Elles sont recouvertes d'un large manteau blanc qui se confond avec le ciel, blanc lui aussi. Je n'ai jamais ressenti un tel froid. Je comprends pourquoi il a fallu m'habiller chaudement. Lorsque je marche dans la neige, mes pas s'enfoncent dans la poudre légère, aussi douce et blanche que le duvet de l'aigle. J'y plonge ma main, mais je dois bien vite la retirer. Une étrange sensation me trouble : le froid brûle comme le feu. Au sommet du mont Blanc, je devine la présence du grand Esprit, Impre-re. Bientôt, notre voiture rentre dans son ventre, un grand trou noir. Je panique. Kritako me rassure : cela s'appelle un tunnel. Rien à voir avec celui de Brasília. Des camions énormes crachent leurs gaz d'échappement, j'étouffe. Enfin, après un temps qui me semble très long, la lumière revient et je respire à nouveau. Nous entrons dans un nouveau pays, l'Italie… Je le découvre en sortant du ventre de la montagne.

À Rome, j'apprends le passé très ancien. Un prêtre vient nous chercher à l'hôtel. Le pape, Jean-Paul II, souhaite nous recevoir. Kritako m'explique que le pape est le chef des missionnaires et que si je veux lui parler, c'est le moment ou jamais. Nous y allons tous, excepté Corbeau rouge, qui refuse l'invitation. Il ne veut pas rencontrer cet homme qui représente la plupart des souffrances des Indiens. Les ancêtres du chef de l'Église ont décidé que nous n'avions pas d'esprit, pas d'âme, comme disaient les missionnaires ; pour cette raison, nous pouvions être mis en esclavage, vendus ou achetés comme des animaux. Je n'ai jamais laissé rentrer les missionnaires sur nos terres car, tôt ou tard, même s'ils nous veulent du bien, ils détruisent notre culture et changent nos croyances.

Une longue voiture noire nous attend devant l'hôtel pour nous conduire au Vatican, la maison du pape. C'est une étrange forteresse avec de hauts murs et des gardes, habillés comme pour un carnaval au Brésil. Je pense que ce n'est pas un bon chef s'il a besoin de tous ces grands murs pour se protéger. Nous traversons de longs couloirs. On nous fait attendre dans une salle vide, sans fauteuil, alors je m'assieds par terre. Nous attendons longtemps. J'en ai assez, je veux m'en aller, mais la porte s'ouvre enfin et la silhouette blanche, un peu voûtée, du pape apparaît. Il s'approche vers nous, surpris, comme tout le monde, à la vue de mon plateau. Le pape me dit qu'il soutient mon combat pour le droit des Indiens et la préservation de l'Amazonie, qu'il prie pour moi et mon peuple. Je lui réponds : « Vous avez un Dieu, il s'appelle Jésus. Nous, les Indiens, avons aussi un Dieu, il s'appelle Impre-re et il est ici maintenant juste derrière mon épaule gauche. » Le pape, étonné, regarde mon épaule. Je continue : « Impre-re vous dit de rappeler vos missionnaires, qu'ils rentrent chez eux ; leurs parents sont tristes en leur absence. Dites-leur aussi qu'ils doivent respecter la religion des Indiens. Nous, nous respectons celle des Blancs. Je ne veux pas de missionnaires chez moi. Vous êtes leur chef, alors dites-leur de nous laisser en paix et de s'en aller. » Ma dernière phrase rend le pape silencieux. Mais cela ne l'empêche pas de m'offrir un chapelet tandis que je lui tends, en échange, une coiffure de chef. Peut-être va-t-il m'écouter ? Ma photo avec le pape fera la couverture d'un grand magazine brésilien[1]. C'est très important pour nous car tous les Brésiliens croient en Jésus. Si leur chef, le pape, nous reçoit, c'est qu'il nous considère comme des hommes et non comme des bêtes ! Après mon passage à la télévision italienne, un grand nombre de personnes sont venues me voir. Ils sont massés en bas de l'hôtel.

---

1. *Manchete.*

Je les salue alors de mon balcon, il paraît que le pape fait la même chose du sien.

Je me réjouis de retrouver Sting dans son pays, l'Angleterre. Nous y allons en avion car, en fait, c'est une grande île, au milieu de la mer. Nous vivons chez Sting et sa femme, Trudie. J'aime me retirer au deuxième étage, dans la chambre du petit Jake où les murs sont décorés de forêts tropicales. Le papier peint de la salle de bains me rappelle mon Amazonie. Je peux entendre Sting jouer au piano. Il compose une nouvelle chanson qui – je le sais depuis – fera le tour du monde. Avec lui et Kritako, j'apprends à manier, sans trop de difficultés, une canne pour jouer au billard. Cela rappelle un peu nos massues que je sais si bien maîtriser. Un autre jour, nous nous rendons au palais Saint-James afin de rencontrer le prince Charles. Je le trouve sympathique, moins solennel et plus simple que Mitterrand. Je suis frappé par ses chaussures noires aussi brillantes que le jenipapo et par ses belles chaussettes. Je ne porte pas de chaussettes, je suis toujours pieds nus dans mes sandales. Le prince partage avec nous ses inquiétudes face à la déforestation sauvage en Amazonie. Il devient mon allié.

À Copenhague, la capitale du Danemark, un petit pays du nord de l'Europe, nous sommes invités à faire le tour d'une grande fabrique de bière. Kritako me prévient. Je refuse d'y aller et reste dans la voiture. Je suis contre tous les alcools qui ont détruit tant de peuples indigènes. Nous allons faire un tour au port. Je contemple la petite sirène qui monte la garde, face à la mer. Je ne suis pas étonné de découvrir que la grande lagune salée recèle de telles créatures, mi-femme, mi-poisson. Chez nous, il y en a aussi, les Portugais les appellent *peixe-boi*[1]. Mon neveu Mégaron qui nous accompagne dans ce voyage a réussi à joindre, via Brasília, un poste radio situé près de mon village. Il m'apprend qu'un de mes fils est malade, on craint la malaria. Je m'inquiète du sort de ma tribu et refuse de m'alimenter. Je repousse surtout la viande, ce sont les esprits qui me l'ont dicté.

La Norvège, un autre pays du Nord, nous réserve une réception enthousiaste ! C'est le pays le plus généreux avec nous. Les Norvégiens ont aussi beaucoup de forêts. Ils comprennent mieux l'importance de protéger les nôtres. Nous y créons une nouvelle fondation. J'apprends qu'en Norvège, tout au nord, il y a aussi des Indiens[2]. Je quitte ce beau pays sous un soleil resplendissant, le premier soleil de printemps. Je me souviens de ce que me disait mon grand-père : « Nous, les Indiens, venons d'un pays où le soleil ne se couche jamais. » La Fondation existe toujours aujourd'hui, là-bas, et continue à soutenir mon combat.

---

1. Les lamantins.
2. Les Lapons.

Quelques jours plus tard, nous arrivons en Espagne. Je découvre ce pays avec plaisir car il y fait beaucoup plus chaud que dans les pays du Nord. Je retrouve la même température qu'au Brésil. Quand je descends de l'avion, je m'arrête un moment pour laisser le soleil me réchauffer. Nos premiers pas sur cette terre se font sur un tapis rouge et c'est à bord d'une belle voiture noire que nous arrivons à l'hôtel Palace. On m'installe dans un appartement de quatre pièces, meublé de bureaux et de lits géants. Je ne comprends pas, tout cela est vraiment pour moi ? Tout n'est pas nécessaire ; je m'installe par terre pour dormir, entouré de mes affaires. Chez moi, tous les membres de la famille – parents, frères, sœurs et petits enfants – vivent et dorment ensemble dans la même hutte qui n'a pas de pièce séparée. Le soir, dans un cinéma de la ville, nous assistons à une projection du film *Raoni* que nous avons réalisé il y a si longtemps. Kritako et moi sommes émus devant tant de souvenirs, d'épreuves et de chemin parcouru depuis tant d'années. Il pleure.

Le lendemain, nous nous rendons chez le chef du gouvernement, Felipe Gonzáles. J'apprends, avec surprise, que, venu d'Espagne, un certain Christophe Colomb a traversé l'océan et… découvert l'Amérique. Kritako me raconte qu'il croyait être arrivé de l'autre côté de la Terre, dans un autre pays, l'Inde, et que c'est la raison pour laquelle on nous appelle les Indiens ! Décidément les Blancs sont vraiment fous ! Je ne suis donc pas un Indien d'Inde, je suis un Kayapo ! Je vais rencontrer un roi, mon premier roi. Le roi d'Espagne nous accueille dans son grand château en dehors de la ville. Un roi c'est comme le chef des chefs, un peu ce que je suis chez moi, chef des chefs kayapos, suis-je donc un roi moi aussi ? Juan Carlos et la reine Sofia me posent beaucoup de questions sur notre projet et sur la réserve, sur le nombre d'hommes qui l'entretiendront, sur ce que j'attends de l'Espagne… Le roi fait part de son souhait de venir chez moi. S'il vient, je lui construirai une case spécialement pour lui, comme pour tous les invités d'honneur.

Le voyage le plus long nous mène au Japon. Je suis si fatigué que je m'endors, couché sur le sol dans le couloir de l'avion ! J'ai des choses à dire dans ce pays où se lève le soleil. À la stupeur des journalistes qui nous attendent, je dis qu'ils sont, eux aussi, des Indiens. Leurs ancêtres avaient des arcs et des flèches comme nous… mais ils ont oublié comment s'en servir. Avant, ils nous ressemblaient, ils vivaient de la pêche et de la chasse, mais aujourd'hui ils sont commandés par le dieu de l'argent. Qu'ils regardent les enfants indiens, on dirait des enfants japonais ! Les Japonais ont beaucoup d'argent, ils doivent nous aider. S'ils nous protègent, ils garantissent leur avenir et celui de leurs enfants. Le lendemain, dans une école, je dis aux jeunes élèves qu'ils sont les futurs chefs du pays. Ils doivent protéger la nature, notre mère.

Je me sens très loin de mon Amazonie. Alors, Kritako m'emmène dans un temple bouddhiste près de l'hôtel. J'apprends que Bouddha est un grand sage. Des millions de personnes suivent son enseignement, basé sur la sagesse et la sérénité. J'y trouve le calme pour prier Impre-re et je fais sonner la grande cloche du temple.

Au sommet des immenses cases de New York, je sens aussi la présence d'Impre-re. Ces maisons m'effraient. Vont-elles me tomber sur la tête ? Nous partons à Los Angeles, de l'autre côté de l'Amérique. Je découvre une mer que je n'ai jamais vue, elle s'appelle Pacifique. Un mot qui, m'explique Kritako, signifie la paix… Sur une des plages, j'observe des hommes qui lèvent des poids sans raison et j'éclate de rire. À quoi bon ? Nous, les Indiens, n'entretenons pas notre corps par des exercices, nous en faisons bien assez, en marchant et en courant de longues heures dans la forêt à chasser le gibier, en construisant les cases ou en ouvrant de nouvelles plantations. Si nous souffrons du dos, nous allons nous pendre depuis une branche d'arbre afin de soulager les muscles froissés. Je n'avais aucune notion de l'argent en entamant mon tour du monde. En regardant les billets, je m'intéresse plus aux dessins gravés qu'au nombre de zéro. Partout où je vais, j'explique aux personnes que je rencontre : « Si vous venez dans mon village, vous n'aurez pas besoin d'argent. Chez nous, cela n'existe pas.

Vous mangerez du poisson grillé et vous ne paierez pas. Rien. Vous vous baignerez dans la rivière et ce sera gratuit. Chez vous, on paie toujours pour tout et pour rien. À l'hôtel, au restaurant, il faut toujours payer… même aux toilettes ! »

À Stanford, près de San Francisco, une autre grande ville de Californie, je retrouve mon ami Corbeau rouge qui m'invite à un pow-wow. Cette cérémonie rassemble des hommes de différentes tribus nord-américaines. Je découvre les danses des autres Indiens. Je suis très heureux d'être parmi eux… mais je les mets en garde : « Oui, je pleure dans mon cœur. Vos danses me rappellent celles de mon peuple et je revois mon village du Xingu dont je me sens trop éloigné… Vous avez perdu vos terres et nous sommes menacés de subir votre sort. Déjà, nos enfants meurent. Ils attrapent toutes les maladies de l'homme blanc. Celui-ci brûle nos forêts et ravage nos espaces sauvages, il faut arrêter de détruire la selva, sinon les vents vont se lever et souffler très fort. Le soleil va devenir trop chaud, il n'y aura plus d'arbres pour donner de l'ombre. Les Blancs vont mourir eux aussi, à leur tour, après les Indiens, mais tous ensemble, nous pouvons nous sauver en nous respectant et en protégeant nos terres. »

Chapitre 20

Le monde des esprits et mes secrets

Dans la forêt de Kapôt, il y a un grand village d'Esprits qui sortent à la tombée de la nuit. Ils poussent des cris, chantent et dansent. Quand il quitte le corps d'un homme, l'Esprit monte au ciel où il rencontre le père de tous les Esprits, Impre-re. Parfois Impre-re lui dit qu'il doit redescendre pour vivre dans la maison des Esprits qui est sur terre, une grande caverne sous une colline. J'y suis déjà allé cinq fois. Un jour, alors que j'étais très malade, je me suis envolé jusqu'au village des morts. Un Esprit m'attendait devant l'entrée. Il me demanda ce que je voulais :

« Je veux voir mes ancêtres. Sont-ils ici ?

— Oui ! Ils sont ici, suis moi. »

Alors, je suis entré dans le village, beaucoup d'Esprits sont venus vers moi en courant.

Je suis arrivé à la maison de mes ancêtres. Tous se sont mis à pleurer de joie en me revoyant. Ensuite, j'ai été appelé au centre du village dans la maison des hommes où il y avait beaucoup de guerriers. Mon cousin Kretire, mort depuis longtemps, était là. Il m'a dit : « Ah ! Te voilà ! Prends ces bananes et des patates douces. » Tout le monde est sorti pour danser. Je me suis assis pour les regarder. Des yeux, je cherchais Taiõ, un vieux sorcier mort, pour lui dire que j'étais très malade et lui demander de me guérir. Je l'ai trouvé, il m'a regardé longuement : « Tu dois chasser toi-même la maladie de ton corps car tu es un sorcier, toi aussi. » J'ai cherché un autre guérisseur pour avoir un second avis. J'ai fini par en trouver un qui me regarda longtemps, lui aussi, et me répéta plusieurs fois que je devais me soigner moi-même. Plus tard, après une grande danse à laquelle tous les Esprits ont participé, Kretire, coiffé d'une magnifique parure de plumes, vint me dire : « Tu ne peux pas rester ici, tu dois retourner chez les vivants pour les aider. »

Peu après que Kretire fut parti, un autre me prend alors à part :

« Reste avec nous un peu plus longtemps ; mais dis-moi, par où comptes-tu sortir d'ici ?

— Je vais sortir par le haut. »

Alors le toit de la hutte s'est entrouvert afin que je puisse m'envoler. J'ai vu le rio Xingu et, au milieu du fleuve, un énorme poisson dont le dos saignait. Je me suis adressé à lui car les poissons sont des gens comme nous. Ce poisson m'a mené jusqu'à lui, dans sa case. Il a chanté et dansé, puis il m'a dit :

« La maladie va te tuer, que vas-tu faire ?

— Je ne sais pas.

— Tu dois prendre des pierres et les jeter sur la maladie, ainsi tu vas guérir. »

J'ai ramassé des pierres et me suis envolé à nouveau, c'est alors que j'ai vu cette maladie énorme qui essayait de me rattraper ! Je lui ai jeté toutes les pierres et elle s'est enfuie. Je me suis réveillé chez moi, au village : j'étais guéri !

La potion magique du guerrier

Je vais vous révéler le secret de fabrication de la potion magique des Kayapos, celle qui nous donne une force surhumaine. Il faut d'abord récolter le venin des frelons. Nous donnons plus de douze noms différents aux frelons selon la puissance de leur venin. Cela donne une idée des vastes connaissances que nous avons de notre forêt. Pour préparer la potion magique, j'utilise également le venin de six espèces d'abeilles ; je dois les tuer, les sécher puis les mélanger avec de l'urucum rouge vif. Il faut aussi y ajouter des morceaux du cœur et de l'aile d'un aigle. Quand le mélange est prêt, je le frotte sur mon front et me couvre le corps d'urucum, cela me donne une force incroyable ! Je peux alors prendre la tête de mes guerriers car, quel que soit l'ennemi, je lui fais face. Jamais je n'ai pris la fuite !

La potion qui fait grandir

Quand j'étais tout petit, les adultes me regardaient et pensaient : « Il ne grandira pas, il ne servira à rien de bon, le pauvre. » Mais mon père leur a dit : « Vous allez voir, c'est lui qui, à l'avenir, vous sauvera, vous, vos enfants et vos petits-enfants. » Mon père est allé prendre l'écorce de l'arbre le plus haut de la forêt, le *môjkà*[1], et aussi celle de seize autres arbres grands et forts. Il a mélangé toutes ces écorces avec de l'urucum. Ensuite, deux fois par mois durant cinq mois, il m'a recouvert avec ce remède de la tête aux pieds. Il me frottait le corps tout un après-midi et je devais garder le remède sur moi jusqu'au lendemain matin. Cela m'a vraiment aidé à grandir et à me rendre plus fort. Ce que je vous confie là est resté, jusque-là, parmi les secrets bien gardés au cœur des tribus kayapos. À quoi bon garder des secrets qui ne serviront à personne, car qui saura fabriquer ces remèdes ? Il y en a tellement d'autres, mais après moi, qui les connaîtra, qui pourra les transmettre ?

1. Jatoba.

J'aimerais que quelqu'un, chez nous, s'occupe de préserver les mystères de ces plantes, hélas, à l'heure où je vous raconte mon histoire de potion qui fait grandir, personne ne demande plus aux anciens de leur transmettre d'aussi précieuses connaissances.

Impre-re

Je n'aime pas les pratiques religieuses des Kuben. Les missionnaires sont arrivés par vagues successives dans certaines tribus. Ils ont empêché les Indiens de transmettre leurs traditions orales. Ils ont vite perdu leurs coutumes et même, pour certains, leur langue maternelle. C'est la raison pour laquelle je n'ai jamais laissé entrer de missionnaires dans notre région. Beaucoup de peuples indigènes ont tout perdu à cause de ces religions venues d'ailleurs… Notre Dieu s'appelle Impre-re, c'est le bon Esprit qui nous dit toujours de ne pas se disputer. Mais attention à Bepkororoti, un autre esprit, celui qui pousse au mal. Pour les Kuben, c'est le diable…

Chapitre 21

Quelques-unes de nos coutumes

Le sexe et le mariage

Chez nous, avant le mariage, l'homme et la femme font l'amour, la nuit, dans la forêt, quand ils le veulent. Après le mariage, ils le font dans la maison. Nous sommes très discrets. L'homme et la femme kayapos peuvent avoir plusieurs amants en même temps. L'homme peut choisir une fille très jeune, aider à l'éduquer et donner de la nourriture à sa mère pour son enfant, s'il s'engage à l'épouser plus tard. Il peut dormir avec celle qui deviendra sa femme, mais ne peut pas la toucher avant ses premières règles. En attendant, il peut faire l'amour avec des femmes plus âgées. S'il ne respecte pas cette coutume et couche avec sa jeune fiancée avant l'heure, il risque de très gros problèmes avec ses futurs beaux-parents ; une « guerre » pourrait se déclencher entre eux. Il arrive aussi, assez souvent, que l'homme ait déjà été choisi par les parents de la fille alors qu'il n'était encore qu'un enfant. Chez nous, on ne s'embrasse pas sur la bouche. Pour montrer qu'un homme lui plaît, la femme le griffe sur la joue ou sur l'épaule. Elle préfère les hommes à plateau, signe du guerrier, parce qu'ils sont plus forts. La position sexuelle préférée des Kayapos est celle où la femme est à terre en dessous de l'homme. Les hommes kayapos font l'amour très vite.

La contraception et la conception

Nous connaissons des plantes qui nous permettent d'avoir uniquement des garçons ou des filles. Un autre remède naturel permet aux femmes d'éviter les grossesses. Il faut le prendre un mois avant toute relation sexuelle, ou six mois après la naissance d'un enfant, sinon le lait de la mère s'arrête de couler. Cette potion sera efficace aussi longtemps qu'elle le souhaite. Pour tomber enceinte à nouveau, elle devra prendre une autre potion. Si elle est enceinte, malgré elle, ce qui peut arriver, d'autres plantes provoquent un avortement le jour même. Les enfants malformés de naissance sont enterrés avant qu'ils ne poussent leur premier cri. En effet, un enfant handicapé a peu de chance de survivre à la vie très rude en forêt. Il serait une bouche inutile à nourrir et il pourrait mettre en danger la survie du clan qui doit toujours être prêt à se battre ou à prendre la fuite. La décision de garder ou non l'enfant malformé appartient à la mère qui devra alors s'en occuper. Quand un homme est marié et que sa femme tombe enceinte, il ne peut plus dormir à ses côtés. Lorsque Bekwyjka, ma femme, était enceinte, je devais dormir dans la case des hommes, sinon l'enfant à naître risquait d'avoir des problèmes de santé. Le sexe avec une femme enceinte est interdit chez nous. Après la naissance, le père doit attendre que l'enfant soit en âge de marcher pour retourner dormir avec sa compagne. Pendant cette période, il n'a pas le droit de manger du gros gibier, car l'esprit du tapir qu'il aurait tué, par exemple, pourrait nuire au nouveau-né. Il en est de même avec les singes, les sangliers et les gros poissons.

Aujourd'hui, les jeunes ne respectent plus ces usages. De mon temps, un garçon trop jeune ne pouvait pas toucher aux femmes ; raison pour laquelle ces jeunes étaient forts et beaux. Car s'il fait l'amour trop tôt, le jeune arrête de grandir et perd sa force vitale.

Le divorce

Quand une femme veut se séparer de son époux, celui-ci doit partir sans discuter. Si le mari ne veut pas partir, il pourra rester auprès d'elle, à condition d'être gentil et de la respecter ; mais s'il crie, il devra obligatoirement s'en aller. Quand un homme veut se séparer de sa femme, il peut la quitter sans problème si elle commet un adultère. Mais si sa femme ne le trompe pas, il ne peut pas la chasser. En revanche, si la belle-mère ne respecte pas son gendre et lui crie sans arrêt dessus : « Tu ne ramènes rien à manger, tu es un paresseux, tu ne sers à rien », alors le mari peut s'en aller… Quand un couple se sépare, les enfants restent avec la mère. Elle est aidée par ses frères et sœurs pour les éduquer. Le père n'a plus le droit de voir ses enfants, mais quand ils sont grands, ils peuvent aller vivre chez lui, s'ils le souhaitent. Chez nous, la femme est la maîtresse de la maison. Si quelqu'un part, c'est toujours le mari, jamais l'inverse. Quand un homme prend la femme d'un autre, ils se battent. Cela peut très mal tourner. Deux clans peuvent s'affronter et provoquer un conflit interminable.

Le rôle du chef

Mon grand-père puis mon père étaient des chefs. Le père enseigne tout à son fils. À sa mort, le fils devient le nouveau chef, à la place du père. Avant tout, un chef doit être un rassembleur et se faire respecter par tous. C'est ainsi qu'il peut vraiment commander. Le bon chef doit écouter les autres caciques avant de prendre une décision. C'est la majorité qui l'emporte. S'il n'y a pas de majorité claire, alors le chef tranche. Le chef de village ne gère pas la vie privée de la tribu. S'il y a un conflit, les membres de chaque famille se battent les uns contre les autres. Ainsi des villages se divisent-ils parfois pour en créer d'autres. Si un homme en tue un autre, il peut être tué à son tour par ceux qui veulent venger sa mort. Si un cacique s'aperçoit qu'une vengeance se trame, il a le devoir d'essayer de l'empêcher. Il peut aussi expulser n'importe qui, si cela vaut mieux pour l'intérêt de tous. Si quelqu'un est accusé de vol, on discute d'abord. Si l'on ne tombe pas d'accord, on se bat.

Chapitre 22

Paroles de sage[1]

1. Recueillies au village de Metuktire en février 2017.

L'Esprit est toujours avec moi. C'est un homme blanc, pas comme les autres. Il m'aide à rencontrer des gens intelligents. Impre-re l'envoie pour m'accompagner quand je voyage, il est toujours devant moi, c'est un Indien blanc. Kritako, par exemple, m'a permis de parler aux hommes importants, ceux qui me font savoir ce qui est bon ou mauvais pour nous, les Indiens. Je vois aussi des Esprits sans tête, certains avec des vêtements, d'autres nus, d'autres encore qui sont des aigles ; j'ai vu aussi l'Esprit de la panthère, du sanglier, de l'aigle et du jaguar. Comme les hommes détruisent toute la forêt, les Esprits sont furieux. Les Esprits de tous les animaux se mettent en colère. Ils savent que, par la faute des hommes, uniquement intéressés par l'argent, de grands vents se sont levés. Les arbres gardent le sol froid mais, quand on les coupe, l'ombre disparaît. La terre brûle. Les colons sont fous, ils ne se rendent pas compte des dangers ! Je suis un chaman, je rêve tout le temps. La nuit dernière, j'ai rêvé de mon ami Kakôrô, mort il y a quelques années ; c'est lui qui donna son nom kayapo à Kritako. Il m'a dit et redit que, partout, la terre pleure. Je pense souvent qu'après ma mort, moi aussi, je vais revenir au milieu des tribus du Xingu pour aider les miens.

Je suis bien obligé de dire et redire les mêmes choses à mon peuple, mais aussi aux Kuben qui savent m'écouter. Je suis déjà très vieux. Il me reste peu de temps pour transmettre mon message. Les Kuben doivent nous laisser vivre de la terre, comme au temps de nos ancêtres. De nouveaux envahisseurs, toujours plus nombreux, cherchent à s'emparer de notre territoire ; cela me préoccupe beaucoup. Je vais encore devoir aller à Brasília pour parler au président actuel du Brésil. Je veux lui dire qu'il ne peut pas réduire notre réserve. Cette forêt, il faut la protéger pour nos enfants et nos petits-enfants et pour l'avenir de tous les hommes. J'espère que les jeunes se souviendront de ma lutte et de mon travail pour protéger leurs terres, sinon ils vont les perdre. L'esprit d'Impre-re est toujours à mes côtés. Quand j'étais malade et soigné à l'hôpital, il est descendu du ciel et m'a dit : « Mon frère tu ne vas pas mourir, tu es un grand chaman. » Il m'a guéri. Et il est parti.

La mort de mon premier fils a été la chose la plus triste de ma vie. Mon cœur s'est serré ainsi – Raoni montre son poing serré –, mais j'ai surmonté ma douleur. Les colons ont tué mon frère et mon cousin. Je suis alors devenu très sauvage. J'ai tué quatre Blancs par la suite, mais cette époque est loin derrière moi. Cláudio Villas-Bôas est celui qui m'a fait comprendre que tuer ne sert à rien : « Tu as vengé ton frère. À présent, tu ne dois plus tuer, mais défendre la terre de ton peuple. »

Mon père, lui aussi, m'a répété : « Fils, tu vas devenir un chef, tu ne peux pas te disputer avec les autres ni avec les colons. » Mon père m'a souvent raconté une histoire ancienne, qui nous est parvenue depuis la nuit des temps : quand le ciel est tombé sur la terre, que tous les hommes et les animaux sont morts. Kritako, lui, m'a appris qu'une énorme pierre[1] était alors tombée du ciel. Les hommes sont revenus peu à peu. Il y a eu de grands feux. Mon père, qui le tenait de ses ancêtres, m'a raconté que les grands feux ont tout ravagé. Certains hommes, qui avaient échappé à la mort, se sont transformés en papillons ; d'autres en poissons. Bien plus tard, ces poissons sont devenus grenouilles. Enfin, Impre-re, le grand Esprit, leur a dit de sortir de l'eau et de se lever... Ainsi, ils sont devenus les hommes. Kritako me dit cependant : « Cette belle histoire est peut-être une légende. »

Pour moi, le plus important est que les gens se respectent les uns les autres et protègent notre

1. Météore.

mère Nature. Hélas, les Brésiliens ne pensent pas ainsi ; ils se moquent de la forêt, boivent beaucoup d'alcool, prennent des drogues qui rendent fous et même s'entre-tuent. Notre voyage autour du monde nous a beaucoup aidés. J'ai pu parler aux peuples de France, de Belgique, d'Angleterre, du Japon, d'Amérique et de beaucoup d'autres pays… Je suis heureux d'avoir accompli tous ces voyages car, depuis, beaucoup de gens importants m'appuient ; des hommes, des femmes et même les enfants, car leur avenir est en jeu ! Grâce à eux et aux douze fondations que nous avons créées sur notre passage, j'ai pu réaliser mon rêve : protéger notre territoire. Les frontières de la grande réserve du Xingu sont désormais écrites sur la carte du Brésil et protégées par la loi des Kuben.

Mais les mêmes dangers nous menacent : chercheurs d'or, chasseurs, pêcheurs, bûcherons, fermiers continuent de violer notre forêt au mépris de la loi. Nous n'avons pas les moyens de surveiller cet immense territoire. Je sais qu'à Brasília des politiciens sont dans la main de ceux qui veulent en réduire la surface. Ils prétendent que nous sommes trop peu nombreux (douze mille Indiens) pour une si grande réserve[1]. Ils convoitent surtout des gisements de minerais précieux au mépris de la forêt. Ils ne pensent qu'à l'argent. Ils oublient

1. Cent quatre-vingt mille kilomètres carrés, plus grande que la Floride.

qu'en défendant notre réserve, nous protégeons l'humanité tout entière. Et le poumon du Brésil.

Cláudio me répétait souvent : « Raoni, ne sois pas idiot, surtout ne bois pas d'alcool, c'est l'arme secrète des Kuben pour te faire perdre la tête... Cela serait la mort pour toi et ton peuple ! » Moi, je n'en ai jamais bu et je n'ai jamais pris la femme d'un colon, jamais ! Dans le temps, les hommes se réunissaient au centre du village. Les caciques donnaient les ordres pour aller à la chasse, à la pêche ou travailler ; mais aujourd'hui, les jeunes ne les écoutent plus. Ils préfèrent jouer au football et se couper les cheveux. Cela me désole. Les cheveux courts, c'est horrible ! Horrible ! Avec leurs longues chevelures noires et brillantes, les Indiens sont beaucoup plus beaux. Les jeunes sont bêtes. Ils pensent que les choses des colons sont bonnes pour eux ! C'est faux ! Je suis furieux contre ces jeunes, ils ne m'écoutent pas. Je suis vraiment très préoccupé pour leur avenir.

Mon ami Aritana, le grand chef du haut Xingu, me disait : « Pourquoi les jeunes veulent-ils aller en ville ? C'est mieux ici, pas besoin d'argent pour payer les loyers, l'électricité ou l'eau, non ici rien n'est à payer, si tu viens dormir dans ma maison je ne demande rien, si tu viens manger chez moi je ne demande rien, le Brésilien est très différent. Je n'aime pas du tout cette attitude. » Aritana a raison. Les jeunes doivent apprendre avec les anciens, écouter leurs mères et leurs pères, rester au village, prendre soin de la terre et de la famille, ne plus aller en ville. Je pense que c'est ce qu'il y a de mieux pour eux, ainsi seront-ils tranquilles, sans tumulte. Je déteste vivre en ville. Ma femme est tombée malade. J'ai dû aller en ville pour rester près d'elle à l'hôpital. J'y suis resté deux mois, je n'en pouvais plus !

Je suis le dernier au monde à porter un labret. Les jeunes deviennent comme les autres Brésiliens, ils ne veulent plus garder cette coutume de nos ancêtres. Pourtant, s'ils décidaient de vivre ici, dans leur forêt, ils pourraient le faire normalement. Quand j'étais enfant, beaucoup de guerriers portaient le labret. Lorsqu'ils étaient en colère, les labrets tremblaient ; cela me faisait très peur. À l'avenir, personne ne va plus en porter. Je le crains. J'en appelle à mon peuple pour qu'il vive selon nos propres coutumes, mais les jeunes n'écoutent pas. Ce serait bien, pourtant, que nos enfants et nos petits-enfants apprennent les anciennes coutumes avec les caciques, comme nous l'avons fait.

Ici, au Brésil, on nous dit de ne plus user de plumes pour les flèches, ni pour les parures. Les Brésiliens se trompent. Je leur ai dit : « Il y a très longtemps, lorsque les premiers Portugais sont arrivés, ils ont tué beaucoup de monde, nous avons presque disparu. Avant leur arrivée, les Kayapos étaient nombreux, très forts, mais vous avez jeté des bombes sur nos villages ! » Un jour, à Brasília, j'ai parlé au président Tancredo Neves, il était très bon et parlait bien. Le président Sarney fut bon pour nous aussi, c'est lui qui m'a donné un passeport pour notre tour du monde ; mais je n'ai pas aimé le président Lula qui a commandé les barrages qui détruisent l'Amazonie et a laissé les chercheurs d'or fouiller nos terres.

Comme toujours, je suis inquiet pour mon peuple, je ne veux pas qu'il souffre après ma mort. J'ai voyagé un peu partout et j'ai vu beaucoup de mes frères indiens qui souffrent, eux aussi ; ils n'ont plus de terres à eux, plus rien. Dans l'État d'Alagoas, par exemple, il y avait cinq villages menacés. Leurs chefs se sont adressés à moi pour que je les aide à retrouver leurs terres, à obtenir de la nourriture. Alors je suis allé voir le gouverneur de cet État et j'ai obtenu gain de cause. C'est la preuve que la parole d'un chef indien peut l'emporter sur celle des colons. Il faut la faire entendre, la multiplier pour préserver l'avenir.

Hier soir, nous avons revu, une nouvelle fois, le film *Raoni*. Il est important aussi que les Indiens voient des films sur le monde des Blancs afin de savoir comment se comporter avec eux, sans pour autant oublier leur propre culture. Aujourd'hui, les nouvelles armes sont les caméras, les télévisions, etc. Il faut s'en servir. Elles peuvent nous aider en répandant notre parole. C'est la raison pour laquelle je parle beaucoup à la presse, car, plus que jamais, je suis très préoccupé par l'avenir. Ici, toute notre réserve est bornée, sauf la zone de Kapôt-Ninhore. Je suis né à Kapôt-Ninhore et j'y ai vécu mes meilleures années. Mon père est enterré là-bas avec mon grand-père, mon arrière-grand-père et d'autres ancêtres encore plus anciens. Depuis des années, je demande à la Funai de protéger les cimetières de mes ancêtres mais rien n'a encore été fait. Les présidents de la Funai changent sans arrêt, hélas. À chaque fois, il faut renégocier les accords, alors que la démarcation a été approuvée par le gouvernement brésilien. Le processus de démarcation n'a pas encore abouti. Il est toujours bloqué au Congrès par les députés qui représentent les intérêts des exploiteurs de la forêt. Je vais aller à Brasília, encore une fois, pour essayer de faire avancer les choses. À chaque fois, la Funai dit ne pas avoir l'argent nécessaire pour délimiter cette zone. Il y a toujours d'autres projets placés devant le mien. Si nous attendons trop longtemps, toutes nos terres seront occupées par des fermiers et des exploitations agricoles ou des fermes d'élevage. Le travail sera encore plus difficile. Ce combat est le plus important pour moi aujourd'hui. Je mets toute ma volonté à le gagner. C'est ma dernière mission. Alors je pourrai mourir tranquille, car le rio Xingu, notre fleuve sacré, sera protégé, ainsi que mon peuple.

Chapitre 23

Mon testament

Mes frères, quand vous lirez ces lignes, Impre-re m'aura peut-être appelé à ses côtés. J'ai vécu une longue vie. Elle m'a donné joies et tristesses. Elle m'a aussi beaucoup appris. Pour moi, l'heure est venue de vous transmettre mon savoir. En vérité, je suis le dernier grand cacique des Kayapos.

Du bonheur

J'ai vécu les moments les plus heureux de ma vie pendant mon enfance. Il n'y avait pas d'étrangers dans la région. J'étais heureux avec mon père et ma mère, lorsque nous allions dans la forêt, d'un endroit à un autre, découvrant tous les jours de nouveaux paysages, de nouveaux arbres, de nouvelles plantes dont mon père m'expliquait les vertus. J'ai eu, bien sûr, d'autres moments heureux comme ceux de la naissance de mes enfants ou après la campagne mondiale[1], car j'avais réussi à protéger une grande partie de nos terres ancestrales.

Du malheur

Dès que les colons sont arrivés, je suis devenu inquiet. Je sentais que ma vie allait être liée de façon irrévocable à leur présence. Les instants les plus tristes ont été la mort de mes enfants. J'en ai perdu cinq, je ne veux même pas en parler car cela me fait trop de peine. Chaque fois qu'un de mes enfants est mort, je suis parti chasser en forêt et j'ai ramené du gibier. Toujours en pleurant, j'ai partagé la viande avec tous ceux qui pleuraient autour de moi.

Les guerres

Il y a très longtemps, nos ancêtres se battaient beaucoup : ils se tuaient entre eux, c'était terrible ! Je veux que vous vous répétiez, sans cesse, vous, ceux de mon peuple, de ne plus jamais vous battre avec vos frères indiens. Nous avons presque tous

1. En 1989.

disparu du fait des guerres et des maladies amenées par les Kuben. Vous êtes à nouveau nombreux aujourd'hui. Vous devez réfléchir avant d'agir. Quand les colons veulent prendre votre terre, ou construire des barrages qui vont couper le rio et inonder la forêt, vous devez les chasser. Les animaux, le gibier, le poisson, les rivières sont en danger. Voulez-vous que vos enfants grandissent dans un monde où il n'y aura plus de gibier, plus de poissons, plus de forêt ?

Notre culture

Je ne veux pas non plus que les étrangers se marient avec les Indiens ou l'inverse. Les coutumes des Blancs sont trop différentes des nôtres. Quand j'étais petit, je vivais dans la forêt et je ne pensais pas aux choses des Blancs car je ne les connaissais pas. Notre peuple risque de bientôt perdre toutes ses traditions. Va-t-il devenir un peuple idiot, sans culture, non respecté ?

Les jeunes

Vous devez penser aux autres, rester ensemble pour lutter contre les envahisseurs afin de vivre tranquillement sur vos terres. Je ne veux pas que vous viviez dans les villes. Vous devez rester au village. Si un étranger vient chez nous et veut acheter de la terre, il faut refuser. Vous devez, avant tout, préserver les coutumes kayapos. Si vous apprenez le portugais, n'oubliez pas la langue des kayapos. Les Kuben critiquent souvent leurs parents. Ne faites pas comme eux. Ils vont essayer de vous persuader de dire du mal de votre chef ou de vos proches, ne les écoutez pas : ils essaient de vous monter les uns contre les autres, de créer la confusion, d'en profiter pour vous affaiblir et prendre vos terres.

Les jeunes doivent apprendre à travailler avec la forêt sans la détruire, à exploiter ses ressources, à utiliser les médecines traditionnelles. Quelques-uns peuvent étudier pour devenir docteur afin de soigner les Indiens qui contractent les maladies des étrangers. Avant, il y avait beaucoup de danses, les jeunes en ont déjà oublié la moitié, ils n'utilisent plus les labrets car ils veulent ressembler… aux Blancs !

Ma succession

Beaucoup me demandent qui va prendre ma place après ma mort. En vérité, je cherche quelqu'un qui reste à mes côtés pour lui confier tout ce que je sais. Pour le moment, je n'ai trouvé personne. Si je le trouvais, j'aimerais lui montrer ce que mon père m'a enseigné quand j'étais jeune.

Le chef

Quand un jeune est destiné à devenir chef kayapo, il doit apprendre les coutumes des vieux caciques qui lui transmettent tout leur savoir. Les jeunes ne sont plus ainsi, ils votent pour élire leur chef et ne veulent plus rien apprendre des anciens. Alors, les nouveaux chefs changent sans arrêt car personne ne les respecte. C'est pour cela que je ne suis pas d'accord avec cette manière de choisir un cacique.

L'avenir

Il me préoccupe. J'ai peur qu'il n'y ait des problèmes avec les colons, car ils veulent notre terre à tout prix. Je pense qu'ils attendent ma mort pour s'en emparer. Hélas, je suis le seul aujourd'hui qui tient encore mon peuple uni et solidaire, le seul qui peut encore empêcher les chercheurs d'or, les pêcheurs, les bûcherons, les bâtisseurs de barrages d'envahir les terres kayapos. Qui, après moi, va se battre pour les protéger ? Les étrangers ont apporté l'argent. Ce n'est pas nous qui l'avons inventé. L'argent a pollué les esprits. J'ai peur que certains Indiens ne se laissent acheter.

L'alcool

Ce ne sont pas non plus nos ancêtres qui ont fabriqué la bière et le rhum. Vous ne pouvez pas boire d'alcool, cela va vous détruire. La police ne devrait jamais arrêter les Indiens qui ont bu, mais ceux qui leur donnent de l'alcool. Car l'alcool n'existe pas chez nous.

Lire et écrire

Je ne sais ni lire, ni écrire, ni compter. Je n'ai pas pu apprendre car je n'en ai pas eu le temps à cause de mes nombreux enfants qu'il fallait nourrir. Et puis, il y a sans arrêt de nombreux problèmes que j'ai à résoudre, non seulement pour moi, mais pour mon peuple. D'un côté, je pense que c'est mieux ainsi, car je suis resté un Indien pur, authentique, non touché par la culture des colons. De l'autre, j'aurais sûrement eu plus de force politique si j'avais su lire et écrire. J'aurais peut-être pu accomplir plus de choses pour les miens. Alors, je suis parfois triste de ne pas avoir appris.

Le gouvernement

Les chefs de Brasília doivent respecter les Indiens et leurs terres. Elles ne sont pas à vendre, ni l'or ni les arbres qui s'y trouvent. Le gouvernement doit protéger notre mère Nature. Je m'inquiète aussi pour le sort des Indiens qui vivent en dehors de notre réserve ; eux aussi sont menacés. S'ils disparaissent, nous disparaîtrons également.

Ma mort

Après ma mort, tout le monde sera triste et va pleurer. Mon corps tout entier sera peint de jenipapo et d'urucum. Tout le village dansera et chantera pour moi. On déposera à mes côtés ma parure de plumes, ma massue, mon arc et mes flèches. Puis, quelques guerriers creuseront un trou dans le cimetière et me mettront en terre. Sur mon corps, ils poseront des poteaux de bois, et par-dessus, la natte de ma case sur laquelle je dors d'habitude. Ensuite, je serai recouvert de terre, ma famille devra bien nettoyer l'endroit. On coupera les cheveux de tous mes parents proches qui resteront silencieux, entre huit et douze mois. Quand le défunt est une personne importante, le deuil peut durer deux ans.

Après ma mort, j'aimerais que les Indiens vivent tranquilles dans la forêt, qu'ils puissent chasser, pêcher et aussi chanter et danser au village. C'est cela la vie des Kayapos.

Raoni se lève lentement, prend Kritako dans ses bras et, le regardant au fond des yeux :

« Yambi, Mejkumrej. [1] »

1. « J'ai dit, c'est bien. »

Épilogue

Nous laissons Raoni se reposer après ces longues interviews, mes deux équipiers en profitent pour faire une sauvegarde du précieux matériel enregistré et filmé. Avec l'infirmier du village et en comparant les âges respectifs de quelques Indiens vus dans le film, nous calculons que Raoni doit être né vers 1943. Lorsque je vais tranquillement rendre visite au grand chef chez lui, je le trouve en pleurs dans son hamac. Raoni a reçu un appel radio, sa femme est au plus mal et un avion est en route pour le conduire à son chevet. « Kritako, j'ai peur de la perdre, et si je la perds, je partirai moi aussi. »

Je fais mes adieux à Raoni, les larmes aux yeux. Cette fois, je repars avec un grand arc et cinq flèches magnifiques qu'il a lui-même confectionnés. Ils prendront une place d'honneur dans mon petit musée. Je suis triste, car je pense que je ne le reverrai plus. Je décide de quitter le village au plus vite. Sans Raoni, nous n'avons plus rien à y faire. Mon maigre budget ne me permet pas de garder plus longtemps l'équipe et le matériel de tournage en location. La pluie nous transperce alors que nous remontons le rio Xingu en barque à moteur. Sur les deux rives, la forêt primaire règne dans l'immense domaine que le chef Raoni lègue à son peuple et au Brésil.

Trois heures plus tard, nous arrivons au poste frontière de la réserve. Alfredo, le « fixeur » local, nous attend avec son 4 × 4 pour le long voyage de retour. J'ai la boule au ventre car je n'ai pas vu les images que nous avons tournées, je ne sais pas si elles seront utilisables. Je rejoue dans ma tête les derniers jours : qu'ai-je oublié ? En début d'après-midi, nous sommes déjà embourbés. Alfredo me rejoint sur le talus où je patiente, couvert de boue orangée, sous un parapluie dégoulinant à travers les trombes d'eau. Alfredo sent mon impatience grandir. Pour me changer les idées, il me montre sur son téléphone les photos qu'il a reçues d'un anaconda géant qui a avalé une jeune femme ! Les péons[1] de la fazenda ont tué le monstre mais ils sont arrivés trop tard pour la sauver.

Sur la photo amateur du smartphone, on voit le serpent mort sur la berge, sa panse est gonflée du corps de la malheureuse. J'imagine la terreur ressentie alors qu'elle coupait des bambous au bord d'une lagune aux eaux saumâtres et que, soudain, cet anaconda géant, le *sucuri*, s'est jeté sur elle, l'enroulant et l'écrasant de ses anneaux puissants.

1. Travailleurs agricoles.

Cette horreur relativise la gravité de notre propre situation, notre fragilité aussi dans cet enfer vert.

Je n'en mène pas large car voilà six heures que nous avons quitté Metuktire, le village de Raoni, pour rejoindre Sinop, éloigné de six cents kilomètres. La piste est vite devenue impraticable. Nous sommes bloqués. Alfredo bataille dans le bourbier. Avec le retour d'un âpre soleil qui nous brûle le visage et les yeux, les torrents de boue sèchent quelque peu. Alfredo lance à fond son moteur, les roues patinent, la voiture avance en crabe de quelques mètres sur une croûte fragile... Il se met à pleuvoir à verse, aucune voiture ne s'aventure sur cette route de l'impossible. Elle est déserte, si ce n'est pour quelques camions, que nous apercevons au loin, embourbés eux aussi. La solution, selon Alfredo, est de ramasser des branchages et de les placer sous les roues ; sitôt dit, sitôt fait. Inopiné mais bienvenu, un secours nous arrive sous la forme d'un... vendeur de jukebox ! Recouverte d'une bâche, sa boîte à musique est harnachée sur le plateau arrière d'un super 4 × 4 Mitsubishi, dernier modèle. Des musiques régionales du Nordeste se déversent de son habitacle à plein volume et les voix tonitruantes des chanteurs semblent incongrues dans cette pesante atmosphère amazonienne. Notre sauveur attache un câble à son véhicule et, après plusieurs tentatives infructueuses, il nous délivre du cloaque. Nous reprenons notre interminable crapahutage jusqu'à Sinop où nous restons deux jours bloqués à l'aéroport, les avions réguliers ne pouvant s'y poser tant les pluies sont torrentielles.

Enfin, je me retrouve à Rio, malade comme un chien, contaminé une fois de plus par un rétrovirus attrapé chez les Indiens. Ils ont été décimés par la grippe jusque dans les années 1970. Depuis, les Indiens se sont vengés en nous la rendant avec, en prime, les nouveaux virus et les bactéries qui foisonnent en Amazonie.

J'ai refait mes adieux à Raoni. Nous avons pleuré tous les deux. Je ne l'oublierai jamais. Il a changé ma vie... J'ai changé la sienne... Étranges destins croisés ! Ainsi se termine ma saga amazonienne. Elle aura duré quarante-quatre ans. Un cacique m'a confié qu'un jour Raoni pourrait partir seul dans la forêt, y disparaître à jamais... C'est une vieille tradition chez les Kayapos, datant d'une époque où ils étaient en guerre permanente avec d'autres clans ou avec les premiers colons. Les vieillards d'alors ne voulaient pas être à la charge des jeunes guerriers. En vérité, ces derniers n'avaient guère le temps de s'occuper d'eux. Les vieux s'enfonçaient alors dans la grande forêt et s'y laissaient mourir... Et toi, Raoni ?

Jean-Pierre Dutilleux
alias Kritako
Octobre 2018

Remerciements

Pour leur soutien sans faille sans lequel je n'y serai jamais arrivé :

Marina Cousté, Robert Dardanne, Heidi Eckes-Chantré, Nathalie Gaillard, Patrick Mahé, Bemoro Metuktire, Hélène Poivey-Leclercq, Jacques Rocher, Alfredo Terra, Romain Viret, Tapy Yawalapiti.

Table

Cet ouvrage a été mis en page par IGS-CP
à L'Isle-d'Espagnac (16)

N° d'édition : L.01EBNN000468.N001
Dépôt légal : mai 2019

Imprimé en France par CPI
en avril 2019

N° d'impression : 152495